SFW 創生フューエルウォーター

悪化する地球環境の救世主
世界のエネルギー情勢を変

世界初と
誕生!

contents

燃料になる水

創生ワールド株式会社
深井総研株式会社
代表取締役社長 深井利春氏

世界も注目「創生フューエルウォーター」(SFW)でエネルギー革命を!

水が燃料になる!? 実験動画を公開

「水」に捧げた人生。総仕上げはエネルギー革命

高い洗浄力を持ち、美容や健康にも良い『創生水』。飲用や調理用水としてはもちろん、食器洗い、洗濯、入浴やシャワーなど、生活の中のあらゆる場面に活用できる創生水を、石油やガスに代わる新エネルギーとして利用する計画が進んでいる。「エネルギー革命が起きる」と語る創生水生みの親、創生ワールド株式会社の深井利春社長に聞いた。

ビッグバンで宇宙が誕生したのち、まず生まれたのは水素。元素記号の1番は水素（H）だ。水素が集まって光となり、星となった。同氏流に言えば、神も仏も水素から始まっている。神であれ仏であれ、水素を使わないものはないのだから、水を拝むのは当たり前。事実、神棚にも水を供える。人間の私利私欲、経済優先の社会が進むことで、水に感謝する文化が失われてきた。

現在、地球が直面している環境問題は、経済的な豊かさと引き換えに水を汚してきたことが原因だ。しかし、環境問題をただ訴えたところで、人間社会は経済性によってしか動かない。「代わりとなるエネルギーを示さなければ、耳を貸してもらえない。それには水しかないと思った」と語る同氏。健康、環境、エネルギー、社会問題に至るまで、すべて水から始まる。水さえ変えれば、解決できる。創生水の普及に取り組んできた人生の総仕上げとして、エネルギー問題にメスを入れることを決意した。

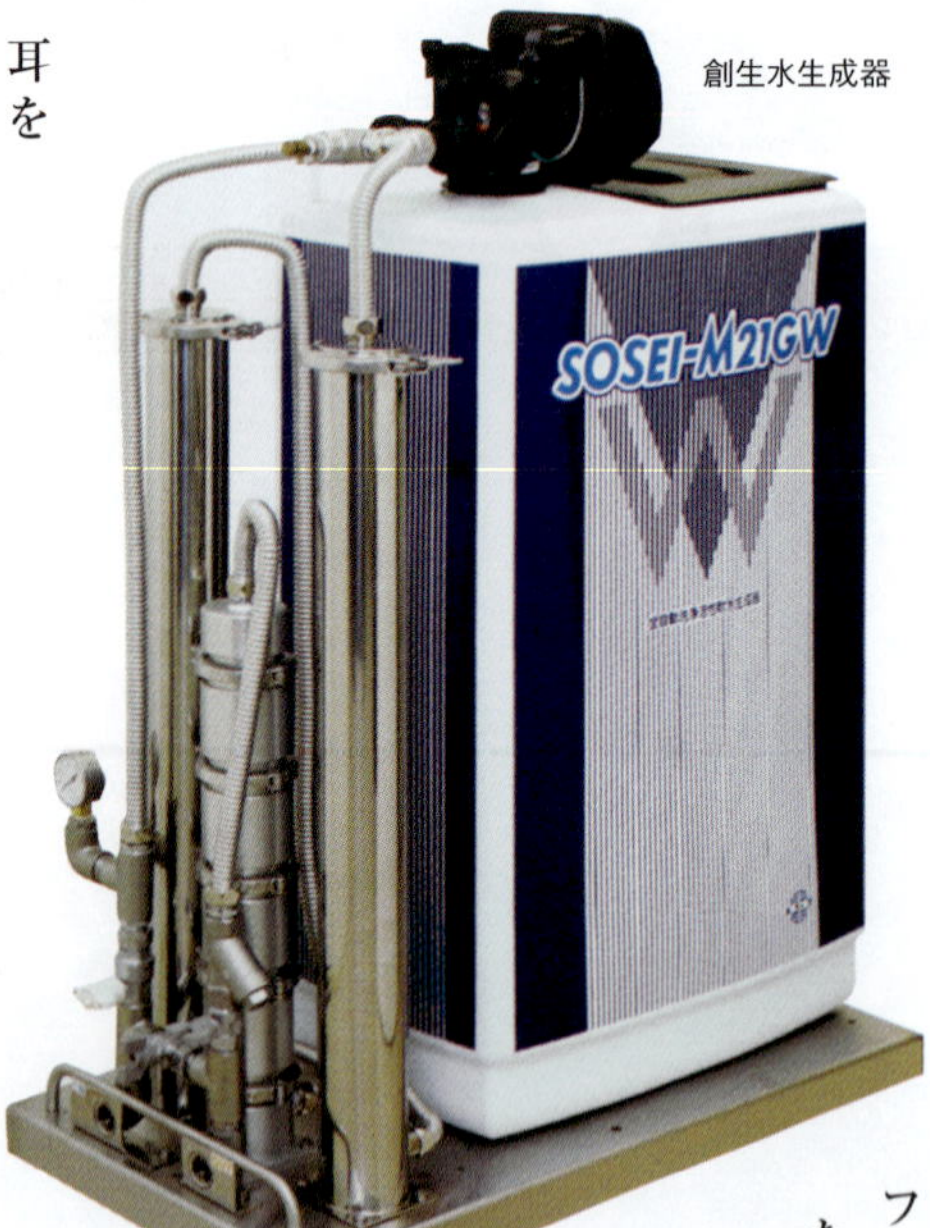

創生水生成器

科学者からの条件

エンジンは精密機械。内部に水が入れば、壊れて動かなくなってしまう。ゴミひとつ入っても不完全燃焼してしまうのに、水を入れるなど論外だ。そんなことをすれば、すべて分解してメンテナンスをしなければならない。プスンと動くことさえしない。仮に壊れずに動いたとしても、水が入れば不完全燃焼して大量の一酸化炭素（CO）が発生してしまうだろう。

しかし、同社が行った創生フューエルウォーターを用いた実験の結果、エンジンは動いた。実験結果や動画を公開したが、科学者からは不正だという声が起こった。そこで、どんな実験をすれば納得するか、条件を聞いた同氏。提示された実験方法は、透明な容器を使い、カメラを動かさず、ワンカットで創生フューエルウォーターがエンジンに入っていく様子を見せること。なおかつ、発電した際のアンペアと二酸化炭素（CO_2）を計る測定器を並べて撮影することだった。

SFW 創生フューエルウォーター

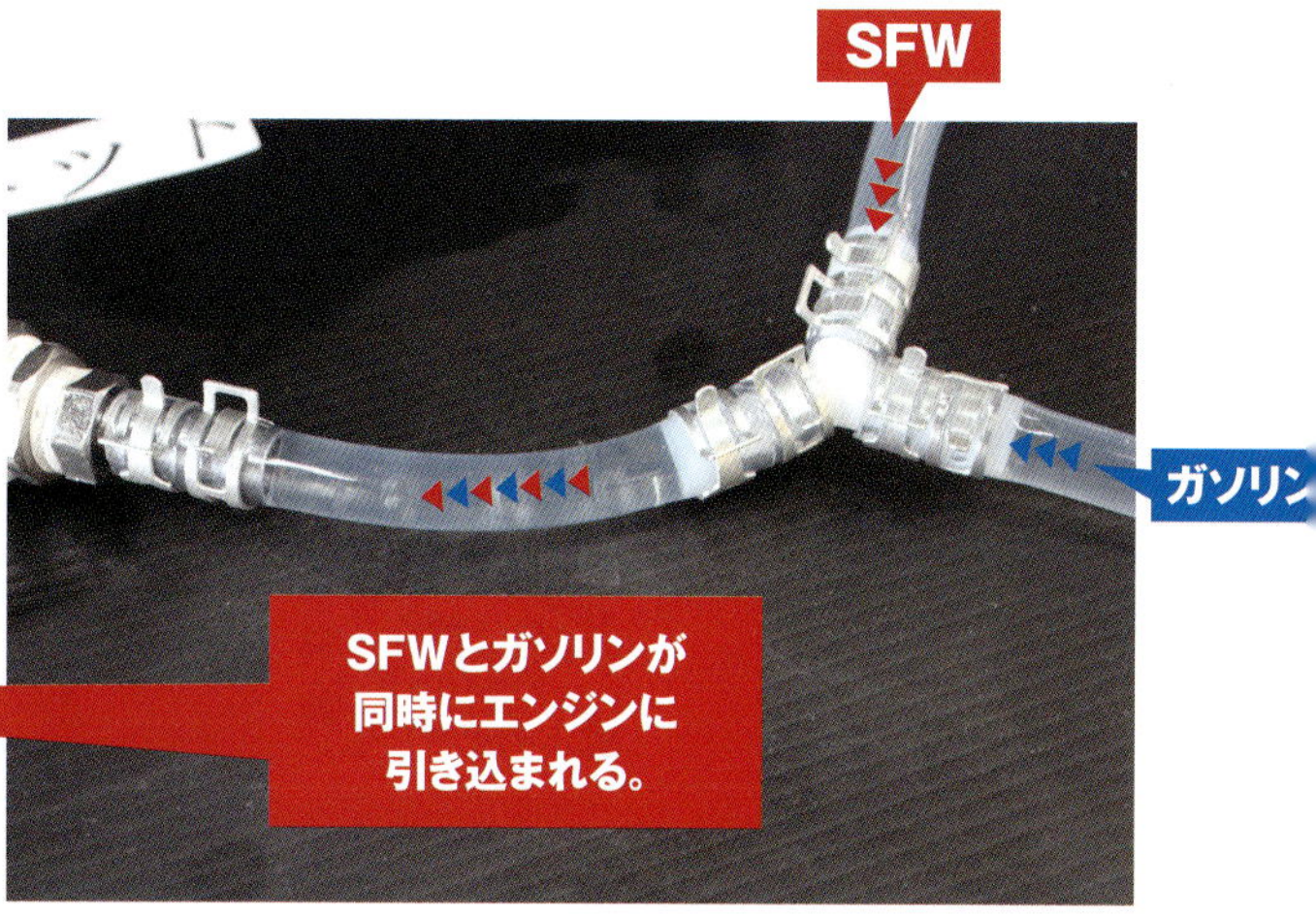

実験動画を公開

この通りに実験し、撮影を行った同社。現在もその動画を公開している。まず、ガソリンのみでエンジンを動かし、動いた時間を計る。そのあと、創生フューエルウォーターを加えながら動かし、同じように時間を計る。水を加えれば、エンジンは壊れるのが普通だ。壊れず回ったとしても、水は発電しないという科学に従えば、ガソリンのみよりも短い時間で止まるはず。もしガソリンのみの場合より長く発電したら、その差分は水が発電したということになる。

実験の結果はこうだ。ガソリンのみの場合は2分間だったエンジンの稼働時間が、創生フューエルウォーターを足した場合は4分間。創生フューエルウォーターに含まれるヒドロキシルイオン（$H_3O_2^-$）の中の原子状水素（H）が爆発してエネルギーを出しているというのが同氏の理論だ。

逆から辿るとこうなる。創生フューエルウォーターをエネルギーとしてエンジンがかかるということは、創生フューエルウォーターの中にヒドロキシルイオン（$H_3O_2^-$）が存在することの証明になる。水の中に滞在させられない原子状水素が、創生水の中には滞在していることになり、創生水に関するこれまでのすべての分析書の裏付けにもなる。

消費量比較実験結果【テーマ：戻り油の燃焼基礎データ／意図・仮説：透明感のある戻り油は基油と同様の使用ができる】

●条件1／1800 rpm運転
●条件2／投光器とセラミックヒーターを使用し、220V-31A相当の負荷
●条件3／冷却水温度は90度（十分な安定運転）
●条件4／戻り油のシリンジ計測

	回数	1L通過時間(秒)	戻り油量(L)	排ガスデータ CO ppm	CO 2 (%)	O2 (%)	NOxppm	排気温度(℃)	1L燃費時間(秒)	削減率
基油	1	255	0.705	196	3.82	16.29	152.4	190.5	864	
	2	256	0.700	195	3.76	16.32	154.5	193.5	853	
	3	255	0.705	194	3.77	16.31	156.9	194.6	864	
	4	254	0.705	192	3.78	16.28	158.0	186.4	861	
	5	254	0.704	191	3.77	16.29	159.5	192.8	858	
	平均※1	255	0.704	194	3.78	16.30	156.3	191.6	861	
基油+SFW	1	145	0.930	336	3.79	16.29	153.5	189.4	2071	58.4%
	2	145	0.930	337	3.79	16.29	155.8	189.9	2071	58.4%
	3	145	0.930	329	3.81	16.25	158.1	190.6	2071	58.4%
	4	142	0.920	302	3.81	16.26	157.7	187.5	1775	51.5%
	5	141	0.925	298	3.81	16.27	160.1	189.8	1880	54.2%
	平均	144	0.927	320	3.80	16.27	157.0	189.4	1967	**56.2%**
安定戻り油+SFW	1	151	0.930	349	3.89	16.09	157.8	193.7	2157	60.1%
	2	148	0.912	304	3.89	16.08	162.4	194.2	1682	48.8%
	3	148	0.918	309	3.87	16.07	160.8	194.8	1805	52.3%
	4	148	0.918	360	3.89	16.08	157.6	194.4	1805	52.3%
	5	147	0.922	313	3.89	16.09	162.2	194.8	1885	54.3%
	平均※2	148	0.920	327	3.89	16.08	160.2	194.4	1855	**53.6%**

*1L通過時間とは、基油配管に取り付けた流量計で計測し、1Lを何秒で通過したかの時間。 *戻り油量とは、燃焼室に送られずタンクに戻される油のことで100%再利用される。
※1 1L燃費時間とは、1L通過時間を実際の消費量で割ることで算出する。上記平均で言うと255÷(1-0.704)=861となる。
※2 1L燃費時間とは、1L通過時間を実際の消費量で割ることで算出する。上記平均で言うと148÷(1-0.920)=1855となる。

●削減率の計算方法について

削減率＝ SFW融和燃料時の1L燃費時間-基油時の1L燃費時間 ／ SFW融和燃料時の1L燃費時間

上記平均値で算出すると、(1855-861)÷1855=53.6%となる。

以上の結果から、基油だけの運用に比べ、SFWを融和させた場合の基油削減効果は50%を超えることが判明した。
また、安定した戻り油は基油と全く同じに使用でき、データも同一であることも判明した。

WEBにて創生水の情報や、エネルギー実験の詳しい内容を公開しています。
実験動画も多数掲載！その驚きの事実を是非ご覧ください。

創生フューエルウォーター（活性水素水）と「水素水」との違いとは？

「創生フューエルウォーター（創生水）」は、水素が原子の状態で水の中に滞在する「活性水素水」だ。巷に溢れる「水素水」と活性水素水との違いについて、深井利春氏に聞いた。

水素水ではエンジンは動かない

分子状の水素を溶解させた「水素水」。美容や健康、老化防止などの効果があるとして、多くのメーカーからさまざまな商品が発売されている。では、今回の深井氏らのエンジンを使った発電実験に、この水素水を用いるとどうなるだろうか。

同氏らはPPM（水素濃度）が高いとされる水素水の商品2種類で実験。結果は、2種類の水素水どちらの場合もエンジンは止まってしまった。水素ガス（H2）が発生せず、油の熱を奪ってしまうばかりで、自ら燃焼の熱を発することはないのだ。

一方で「創生フューエルウォーター」の場合、エンジンは何時間でも動き続ける。ただ動くばかりではなく、ガソリンのみで動かす場合よりも長時間にわたって動く。原子状水素が蒸気改質を起こし水素ガス（H）が発生、燃焼効率を上げているからだ。

創生フューエルウォーターに原子状水素が含まれることを証明

同じ水でも、水素水ではエンジンは動かず、「創生フューエルウォーター」ならエンジンが動く。エンジンが言わばレントゲンとして、「創生フューエルウォーター」に原子状水素が含まれている事実を写し出しているのだ。

水の中に滞在する原子状水素の測定方法は確立されていない。これまでに、白畑實隆教授（九州大）や、株式会社信濃公害研究所、水の科学研究会などが独自の方法で実験を行い、「創生水」に原子状水素が含まれると発表してきた。しかし、いずれの実験も決定的なものではないとして、否定的な見方をする専門家も多い。エンジンがレントゲンの役割を果たす証明方法は画期的だ。

活性水素水の有用性

水素が分子の状態、つまり酸素Oと繋がっているH2の状態では、4000～5000度という高温でなければ酸素との繋がりが切れない。しかし、酸素と繋がらず単独で存在しているHの状態ならば燃えやすく、簡単に水素ガスになる。このため、分子状水素の水素ガスH2に比べて、原子状水素の水素ガスHは発生するカロリーが3.8倍も高い。さらに、単独で存在する原子の状態であれば人間の体内でも動き回りやすく、ガン細胞を攻撃するなどさまざまな効果をもたらす。強い還元力を持つ活性水素水の活用方法は、医療、メッキなど幅広い分野で期待されている。

◇

原子状水素が溶解した「活性水素水」は、水素水とは全く性質が異なる。原子状水素を水の中に滞在させる技術はいまだ開発されていないため、エンジンによる証明によって「創生水」が世界初の活性水素水ということになる。

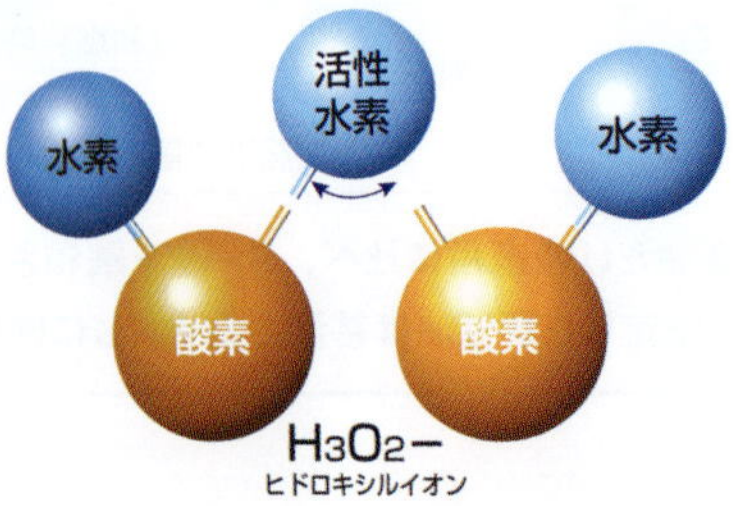

SFW　創生フューエルウォーター

ＳＦＷを使った航海実験 軽油40%以上削減成功！

試験航海に使われた船。今現在もSFWを用いて航海を続ける

船に積み込んだ創生水

船上での、軽油と創生水を混合する装置

実験プロジェクトのスタッフ、右端が深井氏

7月 | July | Record |

マレーシアでの試験航海

２０１５年7月、マレーシアのパハン州クアンタンにて、ＳＦＷを混合した軽油で船舶を航行させる実験が行われ、24時間の試験航海を無事に終えた上に、40%の軽油燃費削減というデータが得られた。

この試験航海には、日本から商社マンの安田秀雄氏と、ビジネスパートナーのマレーシア人、ラオ・ユンヒン氏が同乗。安田氏は、約40年に渡って、マレーシアやタイなど多くの国家プロジェクトに関わってきた人物だ。長野県上田市の創生ワールド社で燃焼実験を目の当たりにし、ＳＦＷに大きな可能性を感じた同氏の呼び掛けにいち早く興味を示したのが、長年のビジネスパートナーであるラオ氏だった。ラオ氏は安田氏とともに創生ワールド社を訪れ実験に立ち会い、その場でマレーシアの漁船への導入を決定。だめ押しとして、クアンタンでの試験航海が行われたという経緯だ。この漁船は現在もＳＦＷを用いて通常通りの航海を続けているが、これまでトラブルは報告されていない。

ＳＦＷ導入後の稼働状況

船舶の航行に使うメインエンジンでは、網を下ろしてからの約30分間は軽油のみで運航、このときエンジン回転は２０００ｒｐｍだ。その後ＳＦＷモードに切り替え、5時間ほど１７００〜１８００ｒｐｍで引網運航を行う。これを繰り返しながら5日間漁を行っている。現在、24時間のうち22時間をＳＦＷモードで運航しており、これまでトラブルは報告されていない。網を上げ下げする際に使うサブエンジンでは常にＳＦＷモードを使用し、こちらもこれまでのところ問題なく稼働している。

ＳＦＷでの燃料コスト削減によって、漁業従事者の過酷な労働環境改善にも期待がかかる。

タイの石油開発公社にも導入が決定

２０１６年2月にタイの石油開発公社でもＳＦＷシステムの本格導入が決定。創生ワールド社との間で、ＳＦＷユニットを発電機に取り付け、各事業所での実証を行う契約が締結された。実証テストが済み次第、年内を目標にバンコクにＳＦＷステーションが設置される予定だ。

船舶へのＳＦＷ導入の意義

9月 | September | Record |

国内での公開実験

9月下旬、船舶・電力関連の技術者が創生ワールド社を訪問。本特集内にコメントを寄せている知久良廣氏のほか、国内有数の船舶会社、電力会社から集まった技術者に向けて、ＳＦＷがディーゼルエンジンに引き込まれて燃焼し、燃費削減をもたらす様子が公開された。

10月 | October | Record |

コンピュータ制御のターボエンジンでの実験

10月初旬、創生ワールド社にて、最新式のターボエンジンを用いた燃焼実験が行われた。この実験は、エンジンに引き込むＳＦＷの量はすべてコンピュータで制御され、人の手による調整はできない環境下で実施された。異物が混入すれば、自動的にエンジンは停止してしまう仕組みだが、ＳＦＷは軽油に均質に混ざり、40〜60%とマレーシア以上の燃費削減に成功。

加えて、エンジンからの戻り油もそのまますべて再利用し、同様の削減率が得られた。均質に混ざった戻り油は、戻ってきて間もない段階では乳白化している。1カ月が経過しても分離せず、乳白化の度合いが弱まり、透明感が出てくる。今後、1カ月保管した戻り油をそのまま燃料として燃やす実験を行い、燃焼効率に変化がないことが実証されれば、大型の発電設備や大型船への導入に追い風となる。

調査の目的：船舶用ＳＦＷシステム導入により改善されるエンジンの基本性能を調査する

調査概要／設置実機：COMMINS社製、KTA１９－M、５００HP（３７３KW）、排気量19L
同一条件の下※1基油と当社のＳＦＷ融和燃料運用テストとを比較して、エンジンの最適運用方法を調査する。
エンジン運用帯を2000rpm（ターボ高速運転帯）、1900 ～ 1000rpｍ（通常航行運転帯）、1000rpm以下（低速運転帯）の３帯に設定。各運転帯毎にSFWシステムの最適な運用を提案する。

※1 気候、潮の流れ等、計測値に影響を及ぼす外的要因を同一にする為、バイパス切り替えを行いながらデータを取得。

▼調査結果

エンジン回転数(rpm)	項目	基油5L消費時間（秒）	戻り油量（L）	戻り油増分（L）	船速（Knot）	CO(ppm)	CO2（%）	O2（%）	NOx(ppm)	排ガス温度（℃）
2000	基油	80	2.57	—	9.4	196	7.43	11.78	501	390
	SFシステム	91	2.58	0.01	9.7	169	7.48	11.7	539	385
	削減率	13.8%		0.1秒換算	3.2%	-13.8%	0.7%	-0.7%	7.6%	-1.3%
	合計91秒　13.8%削減効果　アップ									
1700	基油	144	2.76	—	7.9	101	7.9	10.86	1068	374
	SFシステム	191	3.39	0.63	8.3	82	8.7	10.41	374	365
	削減率	32.6%		32秒換算	5.1%	-18.8%	10.1%	-4.1%	-65.0%	-2.4%
	合計223秒　54.9%削減効果　アップ									
1500	基油	191	3.02	—	7.5	104	7.3	11.96	923	357
	SFシステム	259	3.88	0.86	7.8	68	8.21	10.18	763	314
	削減率	35.6%		54秒換算	4.0%	-34.6%	12.5%	-14.9%	-17.3%	-12.0%
	合計313秒　63.9%削減効果　アップ									

【記録】1.ターボ高速運転帯(2000rpm)、上記表により13.8%程度の基油削減効果。
2.通常航行運転帯(1000～1900rpm)、上記表により54.9%から63.9%程度の基油削減効果。
【基油削減の解説】●純削減効果とは、同一出力時の基油５L消費時間をベースとして、SFWを混合した場合の消費時間とを比較して出てくる数値。●戻り油は100%再利用される。戻り油量が基油のそれより少なければ、その分余計に消費されたこととなり純削減率より差し引かれる。また逆に戻り油量が多い分だけ余計に再利用されるので純削減率に時間換算で加算される。純削減率＋戻り油増量分＝総削減効果になる。戻り油の量が増えることで追加削減効果がある。●船速の増減は馬力の増減になる。1Lで100m走る車が120m走る車に変わること。即ち20m分燃料の削減。この場合1Lの五分の一を削減したことになる。
【排ガス、その他の解説】●COとNoｘの減少とCO2の増加は、完全燃焼を意味しエンジンの性能を改善。総合的にも環境にやさしいシステムである。●SFW含量は、40%前後。

フィリピンの大型タンカーに導入

16年1月早々には、フィリピンでディーゼルエンジン2基、発電機2基を搭載する大型フェリーにSFWシステムが導入される。

11月 ―November― Record ―

ガソリン車でのエンジン始動テスト

11月初旬、創生ワールド社にて、社用車を利用してSFWとガソリンの融和燃料を使用したエンジン始動テストが行われた。これまでは、主に船舶での利用を想定し、ディーゼルエンジンに軽油やA重油とSFWを融和させ引き込む実験を繰り返してきたが、今回は自動車のガソリンエンジンにガソリンとSFWの融和燃料を引き込む実験だ。

実験では、車載速度計を見ながらアクセルを120㎞で固定。このとき回転数は3200rpmほどだが、エンジンは安定した状態を保ちながら、SFWの融和燃料を問題なく引き込んだ。事前調整の段階では、1対1の比率でもガソリン同様の運転が確認されたという。

ロータリーエンジンでも一般道路を走行

11月半ばには、一般的なレシプロエンジンを積んだトヨタ車のほか、ロータリーエンジンを搭載したマツダのRX-8でもSFWを混入して一般道路を走行、ガソリンの50%削減に成功した。

自動車でSFWを利用するためには、ガソリンタンクにつながるポンプにホースを取り付ければ良く、この改造は自動車修理店はもちろん、自分でも行えるレベルの簡単なものだ。SFW自体は、アルミパックで配送される仕組みを整えるという。早期実用化に期待がかかる。

テーマ：ロータリーエンジン車を利用して、基油走行とSFWの混和燃料走行を実施し、両者の性能比較を調べる

両者のデータを解析することでSFW混和燃料が基油と同等であることを確認する

- ●条件1／通常の街中走行（走行、停止の繰り返し運転）
- ●条件2／データは一秒ごとの膨大なデータログ中から５分間平均値を算出
- ●条件3／エンジン性能に関する代表項目を抽出しての比較
- ●条件4／比較データは①基油、②基油＋SFW、③基油（SFWの注入を停止した後）とする

		エンジン回転数	ノッキング遅角量	点火時期	エンジン負荷	燃料噴射パルス	オルタネータ出力	資料ナンバー
基油※1	最高	2990	0	100	87	10.59	15.25	0-299
	最低	705	0	59	8	1.77	11.25	
	平均	1255	0	75.5	37.0	4.92	13.75	
基油＋SFW※2	最高	2266	0	97	76	10.45	15.13	501-800
	最低	754	0	59	16	2.51	11.75	
	平均	1250	0	78.2	31.4	4.26	14.45	
基油（SFWの注入を停止した後）	最高	2465	0	92	67	10.86	15.25	901-1200
	最低	759	0	53	16	2.5	13.5	
	平均	1224	0	77.4	31.9	4.32	14.52	

※1 エンジン回転数のアイドリング設定数は810。
※2 上記のデータは基油7対SFW3 での計測値になる。30%前後の加水量で**50%前後の基油削減率となる。**

●今回のデータは走行環境的に完全同一ではないので、目安としてご確認ください。●エンジン回転数、負荷、噴射パルスともに上記①の数値が②の数値よりも高いのは計測地点の違いに起因するもので①の計測地点が②よりも比較的上り坂であったことを意味するものです。●SFW混和燃料での運転中でもノッキング遅角量が０である。これはSFWが基油と同等に扱えるという何よりの証拠となる。
【記録】
車輌　：　マツダ社製　RX8
計測器　：　インターサポート社製　G-scan 2
流量計　：　キーエンス社製　FD-SS02A
計測道路　：　国道１８号線（深井総研本社付近）

研究機関による分析報告書

11月末、株式会社信濃公害研究所によって、軽油とSFWの混ざった戻り油に含まれる水分の割合を測ることで、SFWそのものも燃焼していることを裏付ける分析結果が報告された。戻り油の中には、ほとんど水分は含まれていなかった。

SFW 創生フューエルウォーター

世界のエネルギー情勢

■船舶の重油燃料への規制

近年、世界的に大気汚染物質への規制が強まっている。各企業・国家とも、対応に四苦八苦しているのが実情で、フォルクスワーゲン社による不正のニュースも記憶に新しい。特にディーゼルエンジンが排出する窒素酸化物（NOx）や硫黄酸化物（SOx）は、二酸化炭素（CO2）よりも環境や人体への悪影響が大きく、粒子状物質（PM）と合わせて規制が強化される傾向にある。

排ガス規制の動きは陸上だけではない。船舶の運航に使われてきた重油は、石油製品の中でも特に大気汚染物質を大量に排出する。欧米の周辺海域では、2015年から重油を船の燃料として使用することが原則禁止されており、日本を含む他の海でも、早ければ2020年には同様の規制が適用される。

■LNG（天然ガス）移行を巡る動き

こうした動きを受けて、大気汚染ガスや温室効果ガスをほとんど排出しないLNG（天然ガス）の導入が進んでいる。重油に代わる燃料として、ノルウェーやシェールガス革命に後押しされたアメリカで普及が進み、排ガス規制への切り札に関連業界も活気づいている。

高い環境技術の輸出を図る日本は、船舶の排ガス規制に関してはこれまで世界の先頭を切り、リーダーシップを発揮してきた。ところが、LNGに関しては導入が進んでおらず、2014年末の時点で、LNG燃料船は1隻もない。日本初のLNG燃料船の建造が2013年末にようやく決まった状態で、発注した海運会社も、国の補助がなければ導入は難しかったと語る。

理由は、日本ではLNG燃料が世界一高価であることだ。アメリカに比べ約3倍というLNGを購入することに、海運業界は二の足を踏んでいる。このため、高い技術力を駆使したLNG燃料船を製造・輸出したい思惑もありながら、政府は強い姿勢を打ち出せていない。

今後、排ガス規制はより厳しくなることはあっても、緩くなることはない。貿易大国の日本には、20トン以上の船がおよそ8,000隻ある。将来はこのほとんどを重油以外の燃料に切り替えなければならないが、LNG燃料船の建造コストはこれまでの1.2倍、中小企業には苦しい状況も予測される。

◇

こうした状況を踏まえると、基油コストを大きく削減できるSFWの重要性が見えてくる。LNG産出国と産油国との地球規模のつばぜり合いをよそに、日本発の新たな選択肢として、SFWに大きな期待がかかる。

◉日本の石油輸入量

創生フューエルウォーターを船舶のエンジンに利用することの意義を理解するには、世界のエネルギー事情を把握する必要がある。石油を燃やしたときに排出されるＳＯｘ（硫黄酸化物）やＮＯｘ（窒素酸化物）は、ＣＯ２よりもはるかに大気汚染の度合いや人体への影響が大きい。世界的に規制が進み、古い船舶もエンジンを載せ替えて航行している状況だ。創生フューエルウォーターを導入し、ＣＯ２の排出量が半減すれば、環境に大きく貢献するだけでなく、ＣＯ２排出取引においても有利に立てる。

◉アメリカのシェールガス

アメリカをエネルギー輸入国から輸出国に変えるものとして期待されているシェールガス。採掘方法は、まずある程度の深度まで縦穴を掘り、そこから横に掘り進む。この穴に水を引いて薬剤を入れ、地下で爆発を起こしてガスを採取する仕組みだ。しかし、シェールガスには２つの問題がある。１つ目は、薬剤を使うことで地下水の汚染の恐れがあることだ。水道の蛇口からガスが出てくる事故もあったほか、住民からの反対運動が起こっている地域もある。２つ目は、採掘にコストがかかるため、原油よりも高価なことだ。

◉アラブの石油

新たなエネルギーであるシェールガスに、サウジアラビアなど中東の産油国は原油の価格を下げることで対抗している。通常はＯＰＥＣで生産量を調整するが、シェールガス対策として調整せずにどんどん生産している状態だ。この対策は功を奏し、原油の値段を下げることで相対的にもシェールガスの価格が高くなり、シェールガスの業者がバタバタと倒れているのだ。響いたのはアメリカだけではない。燃料がガスから石油に代わることで、世界一の天然ガス埋蔵量を誇るロシアも窮地に立たされている。

創生フューエルウォーターを使えば原油の使用量を最大50%も削減できることが広く知られれば、アメリカもロシアもさらに追い込まれる。喜ぶのは産油国だ。すでに、ドバイでは第二王子も出資して合弁会社を設立する計画が進んでいる。ドバイから石油を運ぶ燃料費は片道５千万円。創生フューエルウォーターを使えば、この燃料費も半減できる。

Everyone's opinion

国立大学法人 東京工業大学 原子炉工学研究所 名誉教授 工学博士／有冨正憲氏の所見

1.創生フューエルウォーター（ＳＦＷ）を利用した発電について

大いに期待できると考えます。今後は、Ａ重油や軽油（燃料基油）にどれだけＳＦＷを混ぜると最も効果的か、どこまでＳＦＷの比率を高められるかを実験していくことが必要ですが、動画で公開されている30％～40％だとしても、じゅうぶん価値があると言えます。

水を混ぜた燃料基油がディーゼルエンジンで燃焼すれば、高温高圧状態の蒸気発生により体積膨張してピストンを押す力になり、馬力向上の助力となることは、エマルジョン化した水と燃料で実証されています。但し、エマルジョンに関しては、界面活性剤が燃料送油管やエンジンに悪影響を与えるため、ディーゼル機関等への応用開発は進んでいませんでした。

鶴野省三氏（防衛大学名誉教授）の実験では、「Ａ重油と一般的な水」と「Ａ重油とＳＦＷ」を各々50％混ぜたエマルジョンで発熱量を比較した結果、前者の発熱量はほぼ50％ですが、後者では80％程度に高まると報告されています。

2.混合方法の確立が課題

燃料基油とＳＦＷの混合燃料について、単に混合比率の問題だけではなく、各気筒に噴射される燃料の混合比率が一定でなければ、エンジンの耐久性に支障が出てしまいます。均質な混合比率の混合燃料が各気筒に供給されることが必要ですから、その混合方法の確立が課題です。

3.原子状水素の有無について

普通の水ではエンジンは止まり、ＳＦＷでは動くということが事実なら、少なくとも、分子状水素ではなく原子状水素が含まれていると考えられます。さまざまな実験が、ＳＦＷには原子状水素が含有されているという仮説によって現象を説明しています。しかし、原子状水素を直接観察した実験はないため、科学的には実証されていません。気体として溶存しているのか、液体として存在するのかも、物理・化学的には解明されておらず、学術的に未知の状態です。

とはいえ、ＳＦＷと水の最適な混合比は今後種々の実証試験で判明し、工業面での応用は進むでしょう。学術的な証明は、産業での活用が進んだ後で、興味を持つ研究者が解明していく可能性もあるわけです。

4.マレーシアでの実験の学術的な意義

深井さんたちがこれまで行ってきた「動画の公開」という方法では、信じない人もいます。実験に不正や手落ちがないとしても、信じてもらえるか、もらえないかの差は大きいので、最終的には外部の調査機関などに依頼して実証するのが理想です。マレーシアでの実験は深井さんたちの手によるものですが、大勢の立ち会いの下で行われましたから、動画の公開と比べて、信用度ははるかに高いと言えます。マレーシアでの試験航海は学術的な意味よりも、産業面での活用に対する意義が大きいと思います。

5.産業面での活用について

初期投資と、ＳＦＷの生成に必要な電力や保守管理費等を算出し、燃費の向上が本当に全体のコスト低減に繋がることを実証できれば、産業面で活用されるでしょう。特に、大気汚染や海洋汚染が厳しく課税される海運会社には多くの需要があると思います。しかし、たとえばオイルタンカーのような大きな船で利用するのであれば、ＳＦＷの消費期限を調べ、港で生成して積み込むのか、製造装置を船に搭載するのか等を検討し、コストを精査していく必要があります。

6.新エネルギーとしての意義

石油は国際価格ですから、我が国と新興国とで、化石燃料を用いた発電単価の差は人件費のみです。燃料消費量が削減できれば、ＳＦＷの開発は日本発のエネルギー技術として大きな意義があると言えます。CO_2削減によって地球環境問題にも貢献できるほか、電力の乏しい新興国では大型ディーゼル発電機の導入が検討されていますから、ＳＦＷによる燃費の向上は大いに期待できます。

SFW 創生フューエルウォーター

九州大学
大学院農学研究院
生命機能科学部門
大学院システム生命科学府
システム生命科学専攻
大学院生物資源環境科学府
生命機能科学専攻
教授 農学博士
白畑實隆氏の所見

九州大学
大学院農学研究院
生命機能科学部門
准教授
博士（農学）
富川武記氏の所見

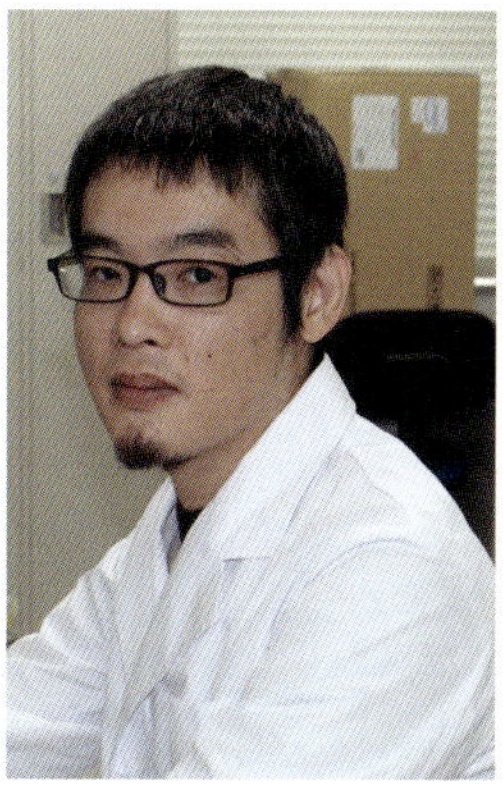

■「活性水素」を含む水についての見解

電気分解した水中であれば、いわゆる活性水素は理論的にも存在します。しかしながら、化学で活性水素という言葉は別の意味でしか使用しませんので「反応性の高い状態になっている水素分子または原子状水素」が存在するという事です。

しかし、私共が確認した範囲では、電気分解した水に「反応性の高い状態になっている水素」が残存する量は、非常に少ないことがわかっています。その量は1リットルあたり約10ピコグラム（一秒毎、ピコはミリの10億分の一）という程度になります。

水中に活性化した水素というものが存在することは確かに言えますが、それは量が少ないということとセットなのです。「活性化した水素が存在する」と言うと、それだけでなんだかすごいというイメージで捉えられてしまいがちですが、含有量としては非常に少ないという事を併せて考えなくてはなりません。

今回、SFWという水を用いて燃費を40%削減したというデータを頂きました。情報が少ないので推測になってしまいますが、SFWの中身はおそらく殆どがふつうの水で、その中にごくわずかに活性化した水素が存在する可能性はあります。SFWを入れた量や割合にもよりますが、そのごくわずかな活性化した水素が関与して、40%もの燃費削減をもたらしたという結果が事実なのであれば、これまでの研究を背景に考えても、大変驚きです。

■SFWの燃費削減効果への見解

頂いた情報の範囲でお話しさせて頂きますと、まず、油となじむ水というのは存在します。そして、なじんでいれば、何かが混ざっていてもエンジンは問題なく動きます。ツーサイクルエンジンなどはオイルとガソリンを混ぜて使っていますね。また、バイオ燃料としてエタノールを混合してもエンジンが動く事も知られています。水の場合は、たとえばアルカリ性を持たせれば、ある程度の量であればきれいに油と混じります。アルカリイオン水などがそうです。分離しませんから、攪拌された状態であれば、そのまま使ってもエンジンは動きます（この話は前提としてエンジンの各部品［パッキン、シール等］が混ぜた物質に対して影響がない場合の話です）。

SFWは黒曜石とトルマリンペレットを通した水だと伺いました。黒曜石処理による水の変化については情報が少ないですが、ペレット状のトルマリンを通すと複数のミネラルイオンが溶出し、通常の水と比べて特定のイオン濃度が高くなり、pHも上がります。このため油になじみやすくなり、結果エンジンが動くことは納得できます。

その為、SFWが燃焼効率を上昇させるかどうかを検証するならば、「油となじむ性質を持つ、SFW以外の水」との比較実験を行い、そのときに燃焼効率がどのように違うかについて調べなくてはいけないと思います。特に活性水素が関与しているとするならばSFWのpH、含有イオン量等も同じにした対照水を作製して比較が必要になると思われます。頂いた資料には、「水素水」や「超純水」を混ぜた場合エンジンが止まってしまったとありますが、これらの水は油と混ざらないでしょうから、エンジンが止まるのは当然です。

まず、「水素を含む水」の中での比較ではなくて、「油と混ざる水」の中での比較が必要ということです。この辺りの比較実験をきちんと行って、それでもSFWを使用した場合エネルギー効率が高いという結果が出れば、エネルギーとして活用できる可能性が現実味を帯びてくるといえるでしょう。

船舶への利用計画 長崎県長崎市の清水商会株式会社

すでに、長崎県長崎市の清水商会株式会社が、創生フューエルウォーターを使った事業に手を挙げている。清水商会株式会社は、日本とフィリピンの間で40年以上にわたって中古船舶の販売を行っている会社だ。同社が念のため某大手造船会社に見せたところ、「エンジンに燃えないものを入れれば止まる。エネルギーでなければ動かないのだから、水であれ何であれ、エンジンが動いているならば中に入れた液体はエネルギーだ」という回答だった。目の前で起こっていることを信じる現場の技術者の方が、科学者よりも話が早いのだ。

日本海洋観光株式会社 代表取締役社長 知久良廣氏の所見

■実用化への課題と知久氏の取り組み

私はSFWに大きな可能性を感じており、実用化に向けて深く関わるつもりです。技術者としての立場から申し上げますと、SFWをビジネスとして展開するためには、私のような技術者も含めて誰が見ても納得するような具体的な実験データを揃えることと、実用レベルのプラントを完成させる必要があります。

まず実験データについて。マレーシアの実験はエンジンが1基でしたが、私は船舶に350馬力のディーゼルエンジンを2基搭載し、片方は通常どおりA重油か軽油のみ、もう片方はSFWを混入して動かす実験を行う予定です。その比較実験で「SFWにこれだけの燃費削減がある」というデータを示せれば、専門家も納得するでしょう。それから、これまでの実験では10%の負荷でSFWと燃料を混ぜていますが、負荷変動があった場合の比較も行う必要があります。陸上の発電機では負荷変動をさせるのは難しいですから、その意味でも船舶で実験するのが良いでしょう。

この実験とプラント完成のために、国内のある大手海運会社の協力を得られることになりました。燃料関係の研究ではおそらく国内トップレベルの企業です。1月いっぱいか2月の中旬までにはデータを揃え、データが揃ったら、まずは旅客船協会の会報に論文を発表します。そして、実用レベルのプラントを完成させ、大手企業や先行企業の研究者を集めて、商品化へとつなげられればと考えています。

外航の船はC重油を使っていますが、私はまず内航の船が使っているA重油または軽油で実験し、その後B重油やC重油でも実験を行うつもりです。液体燃料には、ケロシン（灯油）、ガソリン、その上に軽油があり、その上にA重油、B重油、C重油、そしてヘヴィーデューティがあります。真ん中に位置する軽油やA重油でSFWが燃費削減をもたらすというデータが出れば、上下のガソリンやB重油へも活用に向けた動きが広がると思います。そして液体燃料の次は固体燃料、つまり微粉炭での実験も行われるでしょう。いま原発が止まっていますから、全発電の4割が微粉炭です。固体燃料でうまくいけば、次はLNG、つまり天然ガスですね。最初の軽油を突破すれば、その後はスムーズに進むのではないでしょうか。

■創生水の健康への効果

私はこの1カ月半ほど、ミネラルウォーターをやめて、毎日創生水を飲んでいますので、健康への効果についても実感をお話しします。

私は現在66歳ですが、もう25年間糖尿病を患っていて、ずっとインシュリンを打っています。さらに、この5、6年ほどで直腸ガン、大腸ガン、肝臓転移、肺転移で6回手術しています。肺は半分しかありませんし、人工肛門を付けています。

つい2週間前にも手術をし、退院したばかりなのですが、術後の回復が早いと医師に指摘されました。しかし、もともと体力はある方ですから、そのときは特に創生水の効果だとは考えませんでした。

退院して4日ほど、秋田県に出張に行きました。出張には創生水を持って行かなかったのですが、日に日に足が重たい気がして、帰りは社員に迎えに来させ、ほうほうの体で伊東の家に帰り着きました。帰宅し、創生水を飲んでから15分ほど横になると身体が軽くなり、その後も創生水をたくさん飲んだところ、翌日には体調がすっかり戻ったんです。たいへん驚き、このとき初めて、この水には効果があるなと感じました。

ほかにも、創生水を飲んでいると二日酔いになりませんし、便の臭いが消えるなどの実感があります。知人にも勧めたところ、肌ツヤが良くなった、身体が軽くなったなどの感想が得られました。今後は外出や出張の際にも、水筒に入れて持ち歩こうと思っています。

SFW 創生フューエルウォーター

夢に捧げる人生

金銭に執着なし

同氏には、あの世へ持っていけない金銭への執念はない。金に執着すれば、他人が泥棒に見え、人間関係もうまくいかなくなる。

生きる上で、どこに価値を置くか。金を追いかければ、金に追いかけられる。同氏は、人間と人間との愛情に価値を置いている。

「日蓮上人は『蔵の財（たから）よりも身の財すぐれたり。身の財よりも心の財第一なり』という言葉を残しています。お金がいくらあっても満足はなく、寂しい人生を終えることになるでしょう。僕は、お金が入ったら世界じゅうの子どもたちに流します。そうすることで僕の分身が大勢できる、そういう種を蒔いていければいい」

人間への感謝

人間と人間との愛情に価値を置いた人生。現在は過去の積み重ねであり、現在を良くすれば、未来も良くなる。現在の自分があるのは、今まで協力してくれた人たちのおかげだ。同氏は、自分に関わったすべての人間へ、心からの感謝を口にする。

「私が夢を追いかけてこられたのは、創生水を信じてくださった皆さん、お客さん、支援してくれる方々のおかげ。彼らとの約束を守るために、この身を犠牲にしても創生水や創生フューエルウォーターを普及させること、それが私の使命だと思っています」

◇

「最後まで夢を諦めないでいれば、必ず向こうからチャンスが寄ってきます。僕はこの研究で夢を追いかけている。お金には代え難い心の財産を積んでいるんです。毎日感動があり、人生を楽しませて頂いています」

本当においしい水を飲んだことがあるだろうか。

夢のない人生は、味気ない。

●プロフィール

深井利春（ふかい・としはる）氏

１９４７年　長野県に生まれる。
１９７６年　レストランＣＯＭＭＯＮ開店。
１９８０年　グリースホテル開業。
１９８３年　ホテル２００１開業。
１９８４年　南国果物ババコウの栽培に成功。
１９８５年　千曲川に流れる洗剤の泡に心痛する。
１９８６年　すべての事業を辞める。
１９８７年　株式会社大志を設立。
１９８８年　ワールドクリーン株式会社に社名変更。
１９９３年　創生ワールド株式会社に社名変更。
１９９５年　日本獣医畜産大学にて記者会見し「創生水」を発表。
１９９８年　創生クリーニング「ムー」開設。
１９９９年　創生クリーニング研究所開設。
２００６年　社団法人臨床医学情報協会理事就任。
２００７年　深井環境総合研究所株式会社設立。
２０１１年　東京福祉大学・大学院特任教授就任。

創生ワールド株式会社
〒386-0041 長野県上田市秋和 201-2
TEL 0268-25-9422
http://www.soseiworld.co.jp

深井総研株式会社
〒386-0041 長野県上田市秋和 201-2
TEL 0268-27-3750
http://www.fukaisouken.jp/

1
【新・エネルギー革命】創生フューエルウォーター（SFW）
悪化する地球環境の救世主となり、世界のエネルギー情勢を変える、
世界初となる「水」の誕生！
〝燃料になる水＝SFW〟を使ったマレーシアでの航海実験プロジェクトでは、40％以上の油の削減に成功!!

2 chapter 1 燃料になる水
4 chapter 2 SFWと「水素水」との違いは？
5 chapter 3 最新の実験プロジェクト
7 chapter 4 世界のエネルギー情勢
8 chapter 5 有識者の見解
10 chapter 6 SFW実用化への期待
11 chapter 7 深井氏の想い

●創生ワールド株式会社／深井総研株式会社 代表取締役社長 深井利春氏
・国立大学法人 東京工業大学 原子炉工学研究所 名誉教授 工学博士 有冨正憲氏
・九州大学 大学院農学研究院 生命機能科学部門 大学院システム生命学府 システム生命科学専攻 大学院生物資源環境科学府 生命機能科学専攻 教授 農学博士 白畑實隆氏
・九州大学 大学院農学研究院 生命機能科学部門 准教授 博士（農学） 富川武記氏
（chapter 5）
・清水商会株式会社（長崎県長崎市）
・日本海洋観光株式会社 代表取締役社長 知久良廣氏
（chapter 6）

40
これまでにない「RFID電子タグ」で世界を席巻だ！
●株式会社フェニックスソリューション
代表取締役社長 金岡久夫氏／取締役副社長 和田康志氏
43
◇フェニックスソリューションのRFIDタグ その稀少性
・株式会社マーストーケンソリューション 取締役会長 春山安成氏
・SAG株式会社（台湾） セールスディレクター 辛 明治氏
44
◇世界唯一のRFIDタグでIoTに大きな布石を！
・大日本印刷株式会社
情報ソリューション事業部 第2技術本部 ソリューション開発センター
第2グループ 田島 功氏／第3グループ 日永田 俊和氏

【人を育てる】
57
生産人口減少の現実に、フィットする働き方を提唱！
「日本」を変えるために、「人」を変える
●株式会社チェンジ 代表取締役 神保吉寿氏
60
広範囲に応用可能で時流にのる／人を育てる秘策は、スポーツ心理学と見つけたり！
●一般社団法人 社会整備サポート協会 代表理事 河合一広氏

【企業物語】
62
〈白井松新薬株式会社〉江戸時代から続く製薬会社が医薬品事業を止め、茶カテキンなどの天然植物成分の原料メーカーになった理由とは？
65
〈株式会社ベーシック〉「核心を、突け。」Webマーケティングのプロ集団「ベーシック」がスローガンを変えた理由とは？

世間を揺るがせた2020年東京オリンピックの新国立競技場問題。女性建築家のザハ・ハディッド氏のデザイン案が白紙撤回され、新たな公募を開始し事業者を12月末に選定するという目標が定められた。1964年に東京オリンピック国立屋内総合競技場（現代々木体育館）を手がけた「世界のタンゲ」故・丹下健三氏の愛弟子である奥保多聞氏に迫る。

◆インタビュアー：筒井 潔・塚原光良　◆取材：加藤 俊

に物申す！

大阪芸術大学名誉教授 奥保多聞氏

特別インタビュー

なければ何も意味はない」

●プロフィール／奥保多聞（おくぼ・たもん）…1938年生まれ。早稲田大学理工学部大学院建設工学科修了。株式会社奥保建築設計事務所代表取締役。大阪芸術大学建築学科名誉教授。

新国立競技場計画の問題点を振り返る

筒井：新国立競技場の建設に関して早速、お話を伺いたいと思います。奥保先生はザハ案見直し決定後の現在の新国立競技場コンペの展開を看過できない問題と見ていらっしゃる。最大の問題点はこれまでに挙がったデザイン案なのか。それとも日本のマネジメント能力なのですか。

奥保：やはり日本側のマネジメントでしょうね。デザインの話以前から、そのデザインを基に、どう組み立てを行っていくかという話が、まるで成り立っていません。根本的に考えるべきなのは、建築家と施工する側、あるいは工作図を作成する側は別にすること。これが文化国家としての一つの方法です。デザインする側とゼネコン側が一緒になれば、誰が考えても予算や工期がコントロールできないんですよ。つまり、近代的な建築を進める上でのルールとも言えることなのです。白紙撤回した以降の進め方を見ていても、大きなゼネコンが2つに分かれて、そして建築家が一人ずつ付いている状態ですよね。そういった現状に私は怒りを覚えています。

筒井：先生は64年に開催された東京オリンピックや、70年に開催された大阪万博の設計に関わられていますが、今回の問題についてずばりどうすれば良いとお考えですか。

奥保：歴史を踏襲してもらいたいと思っています。師匠の丹下健三先生は、戦後間もなく建築家という地位を高めるために苦労されてきました。デザインと施工が一体では工程や予算が収まらないため、建築を造る上で、建築家とその他を分けなければならない、というシステムを試行錯誤して築いたのです。そうした先達の知恵を全く踏襲しなかったことが今回の問題です。安倍晋三首相が、苦言を呈したとしても、それを受けとめる側が本質的なことがわかっていなくては、何らの意味もありません。東京都はお金を用意しなければいけないし、周囲のインフラストラクチャーもやらなければいけないのにも関わらず、予算のコントロールができない組織と一緒に創造的な仕事をしていくことなどできませんよ。そもそもデザインありきで組み立てるというのが、建築界の常識になっていることが問題なのです。またデザイン自体の問題も議論されるべきですね。そこで私は、今こそCLT木材（繊維方向に揃えたラミナと呼ばれる板をクロスに重ねて接着剤で圧着した木材）と折り紙の工法を活用するべきだと考えています。CLTを活用すれば、地方創生として林業の活性化にもなります。むしろコンクリートと鉄を用いた建築の時代は終わったと。そう言い切りたいと思います。もう一つは、室町時代から江戸時代に亙って、日本の文化として生まれた「折り紙」をベースにした建築手法を提案したいと思います。これは建築家であり、都市計画家である奥保多聞

特別インタビュー × 大阪芸術大学名誉教授 奥保多聞氏

の提案です。

外国人デザイナーの起用はナンセンス

筒井：私自身も折り紙という工法は素晴らしいと思います。ただ、前回まで採用されていたデザインは、イギリス在住の女性建築家であるザハ・ハディッド氏でした。そこでお聞きしたいのですが、外国人建築家がデザインを応募できる現状についてどう思われますか。

奥保：東京で開催されるオリンピックですからはっきり言ってしまえば、私はナンセンスな話だと思っています。「世界のお客さんが日本に来られる」「世界中の名立たるアスリートが参加する」、そうした世界的なイベントであるからこそ日本の芸術・文化をインテグレートした場として表現することが本来の目的です。要はその場を創ることが大事なのであって、それを外国人建築家が理解できるのですかね。分かっていないのに、そこを頼って「これが良い」と決めるのは間違いですよ。日本の伝統・文化・

故・丹下健三氏の愛弟子が新国立競技場問題

「日本文化に根ざした競技場で

技術を長年の歴史で構築された「折り紙」で表現するべきなのです。しかもその折り紙自体を科学的に何十年も研究している専門家もいます。また一般的に外国へ旅行をする際は語学が重要だと言われますが、海外渡航の多い私の友人は、折り紙がきちんとできれば、どのような人種でも興味をもち、そして必ず良好なコミュニケーションが取れるといつも興奮しながら話してくれます。そういう文化のカタチをオリンピックという世界的イベントで建築デザインとして表現することは、とても感動的ではないですか。言葉は悪いですが、前回の子どものヘルメットみたいな幾何学的なデザインのどこが良いのか。どこが感動を呼ぶのか。できるわけがないですし、実際に誰もしていないですよね。もし理由があれば、きちんと説明をして欲しいです。

筒井：日本のことは日本で解決するべきだという考えですね。

奥保：文化というものを集約し、表現するのが建築家の役目です。欧州では建築家と言えば、街の市長ぐらいの肩書、いわゆる文化人として捉えられていました。ところが今の建築家は全然違う。「この建物を立てた」「面白い建築をする」といったようにある意味、サロン化していて、あたかもその国の文化の集約をその人がやっているが如く、誤解されています。何よりも文化を創造し、総合芸術的な作業にかかわっているのだという緊張感や切磋琢磨さが欠けています。だから私はCLTや折り紙の工法を提案しているのです。CLTは近代的な木造の可能性として、やっと注目され始めました。これはとても意義があることで、前回の東京オリンピックで代々木に建てた体育館は、日本の鉄鋼メーカーが最高にテンションの強い鉄を発明した時です。つまり鉄とコンクリートの時代の到来とその材質の可能性について建築で表現していたのです。現在は、鉄の時代ではなく、まさに木の時代だと思っています。またCLTの技術は高く、しかも間伐材を全て使えるという利点があるのです。

北京オリンピックの『鳥の巣』は評価せず

筒井：東京オリンピックに向けて、建築家がやるべきことは世界が衝撃を受けるような新しい文化を創造して、皆に真似てもらうと。日本を訪れればスポーツを見るだけではなく、これからの時代も見ることができる、そういった物を創ってほしいということですか。

塚原：築き上げた日本文化というものをインテグレートして、時代の潮流を見据えて、文化のカタチとして、ソフトパワーとしてこういった場面でこそ示すべきだということですね。

奥保：そうです。それが建築家の本来の使命なのではないのか

川崎市岡本太郎美術館は、神奈川県川崎市多摩区にある市立の美術館。芸術家・岡本太郎氏より川崎市に寄贈された主要作品1779点を保有・展示している。一般的に岡本氏というと「芸術は爆発だ」のフレーズの印象が強いが、大阪万博に携わった奥保氏によると、体や知能全体そのものが芸術だったという。また、『太陽の塔』を建築している際には、大屋根に丸い穴を開けるという無茶苦茶な要求もされたようだ。現在、同美術館は「太陽の塔に対峙せよ」というスローガンを掲げ、『太陽の塔』に変わる新たな作品を募集中。建築家やアーティストの選考を経て、企画展の際に立体模型あるいは、オブジェにする形で展示される予定である（写真は青山にある岡本太郎記念館）。

CLT木材と「折り紙」工法の可能性

代々木体育館をバックに

と思います。建築家というのはカタチが先に走って、それがどういう構造計算で成り立っているのかを考えるのが仕事ではありません。建築家は「総合芸術家」なのですよ。

筒井：ちなみに北京オリンピックの北京国家体育場。通称『鳥の巣』もそういった要素が体現されているのですか。

奥保：『鳥の巣』について言うならば、あまり評価はしていません。私は大連生まれなのですが、荒野には鳥の巣みたいなのがいっぱいある。そういうのが造形的にあるので、デザインに影響を受けたのだと思います。しかし、それを超えて人間の手が加わった「折り紙」こそが、日本だけが持ち合わせる独特の文化ではありませんか。

注目される折り紙手法の科学的実用性

筒井：折り紙の工法を活用した時に、工期が延びるようなことはないのですか。

奥保：ないです。私の経験から荷重の重いもので建築すると、もの凄い工期になります。コンクリートはとにかく凝縮するための期間が科学的に決められている。それから重いものを基礎に造るためには杭を打ったり、穴を掘ったりしなければなりません。ちなみに代々木の例で言えば、2箇所しか基礎がないです。非常に合理的で近代的な技術の枠を造っていると言える例ですね。

塚原：以前、『出雲ドーム』は全て木材で施工しました。しかし、結構な予算と工期がかかりました。それからだいぶ時間は経っていますが、今回の提案についてどのように考えておられますか。

奥保：それは単純なことで、材料の強度が今と全然違います。『出雲ドーム』の場合は、建築仲間の間でも言われていますが、分厚いプライウッドの域を出ていませんでした。だからその範囲内の集成材で造られている。しかし、現在の場合は厚みが30cmですし、既に多くの建築実績があります。

塚原：仮にこの方法で進めるとしたら、技術的に日本企業で施工できるのですか。

奥保：できます。既に立派な学会が存在していますし、そこにはゼネコンや設計事務所などの技術屋も集まっています。それに国交省が音頭を取って、2年以内に建築基準法に合った形で、指導をするような許可も得る予定です。実際に国もやりたい訳ですよ。ただ、学会の中に建築家は加わっていませんが、3カ月前に私が参加した際には、スピーカーから今回の工法について、フルに利用できる話を建築家から提案して頂きたいとも言われています。

建築家人生に大きな影響を与えた「丹下健三」

筒井：お話を伺っていると、今回の先生のスタンスとしては、アーティストの部分や建築家、実業家的な部分を兼ね備えている印象です。そういった思考的スキルはどう身に付けられたのですか。

奥保：学生だった当時、早稲田大学に今井兼次先生（建築家）という素晴らしい方がいて、丹下先生の元に行きなさいと仰ってくれました。その際には1mにもなる紹介状を直筆で書いてくれましたよ。それを出した以上、丹下先生からは翌日から来なさいと言われました。事務所には多くの有名な人がいましたが、入った時点で皆平等にデザインの場を提供してくれましたね。この場所こそが建築を学ぶ上で、最高な場所だと思いました。それ以来、必死に勉強をして東京オリンピックの体育館を造る時には、どういうコンセプトなのかも含めて進めていきました。そういった細かなところで、建築家は斯くあるべきかを確立したのです。それに丹下先生は、アーキテクト（総合芸術家）という建前で一生懸命、私を育ててくれました。なので、私は作品を創るというよりは、若者を指導する形を選び大阪芸術大学に奉職しました。

塚原：オリンピックや博覧会の世界的イベントは、世界中の人が注目をします。その時に先生や丹下先生などの建築家はどういう姿勢で取り組まれ、どういう考えの元で建築やデザインを集約し表現をしようとしたのですか。

奥保：その時代という動きと、文化という要素、そして総合芸術家としての使命感を胸に抱いて、与えられた課題に真剣に向き合って臨んでいました。試行錯誤しながら知恵を振り絞り挑んでいると、自ずとヒントが生まれてくるんですよ。実は代々木の建物というのは、明治神宮の社の軸線に合っているんですよ。建物は周囲の環境に合わなければいけないので全体の建築を考え、軸線を大事にする。実は、それは都市計画でも同じ話です。構造についても、丹下先生は単に建てることを目的にしておらず、社の軸線に合わせることを最大限に意識していました。

筒井：そうすると、先生の時代感覚からこれからはコンクリートではなく木。後は力学的な強さよりも、折り紙のような構造的なものにシフトしていかなければということですね。

奥保：折り紙そのものが、構造的に理にかなった科学です。それは単なる曖昧性ではなくて、科学的な遡及もされているのですよ。

求む！全世界にいる同じ志の建築家

塚原：先生は丹下先生の最後のお弟子さんです。2020年東京オリンピック・パラリンピックというイベントを目前にして、丹下先生を超えるテーマを訴えなければならないと感じたことが今回、取材を受けた動機のように思います。むしろ、表現を変えれば丹下先生の最後の弟子の1人として、最後に自分がやらなければならないという使命のようなものですね。今こそ、時代の流れの中で『木』や『折り紙』を活用した方法を自分は提案できるのではないかと。自分が突きつけられた課題を超えると同時に、社会に突きつけられた課題の中で、どう自分が示すのかと考えているのではないですか。

筒井：そこで具体的にお聞きしたいのですが、竣工の時期を逆算した際、いつ頃折り紙のデザイン案が出てきて、それは誰が作成をするのか。また、どういった業者が担っていけば良いのかなどはお考えですか。

奥保：現実的な話をすると、結局は政治的な要素が強いです。例えば、安倍首相が「奥保多聞」という建築家をメンバーに入れなさいと。その下に建築家のメンバーを入れなさいと言った途端に、今回のコンセプトを当てはめられるので、私が中心になれば全て間に合うことができます。私にとっての最後のライフワークだと考えています。それとともに都知事からも応援をして欲しいですね。

塚原：先生は今、立ち上がるべきだと判断し、老骨に鞭を打ってでもと、自ら声を上げた。その熱き魂の共鳴を広げていきたいと。

奥保：その通りです。日本の建築界の黎明期に活躍した石本喜久治の血を受けているので、まさに運動を起こしていきますよ。しかし、私だけではなく、若い人たちや全世界の建築家にも協力をして頂きたい。今回の想いを理解してくれるのであれば、どんどん結集してもらいたいです。私の行動は、小さな種火のようなものなのかもしれませんが、志のある方々が全国津々浦々から、全世界から声をあげて、この新国立競技場問題をきっかけに、建築家の使命というものを、芸術文化の創造という行動を、そして知的創造への挑戦という真剣勝負についても、臆することなく立ち上がり、叡智を結集し、そして皆が成長していく文化運動（ムーブメント）として、大きな炎となっていくことを願っています。

●インタビュアー／筒井潔（つつい・きよし）
慶應義塾大学理工学部電気工学科博士課程修了。現在、株式会社海野世界戦略研究所代表取締役会長、アジアパシフィックコーポレーション株式会社代表取締役社長。

●インタビュアー／塚原光良（つかはら・みつよし）
1965年生まれ。学習院大学大学院政治学研究科博士前期課程修了。合同会社戦略経営研究所所長。政府与党行革プロジェクトチーム座長補佐、衆参両議院の国会議員の政策アドバイザー等を経て、戦略経営コンサルディング活動を展開。アジアパシフィックコーポレーション株式会社顧問も務める。

世界平和研究所参与 小島弘氏・特別インタビュー【最終回】

『若者よ、未来は暗くないぞ』

●プロフィール／小島 弘氏…1932年生。明治大学卒。57年全学連第10回大会より全学連副委員長。60年安保闘争当時は、全学連中央執行委員及び書記局共闘部長。その後、新自由クラブ事務局長を経て、現在は世界平和研究所参与。

全学連で副委員長や共闘部長を歴任した小島弘氏は60年後の現在「公益財団法人世界平和研究所 参与」という肩書きを持つ。この世界平和研究所とは、中曽根康弘元首相が会長を務める政策研究提言機関である。これまで4回に渡って学生運動を率いて政府と戦った小島氏が元首相の懐刀になるまでの物語を追ってきた。今号は最終回として次代へのメッセージを伝える。

◆インタビュアー：筒井 潔／文：加藤 俊

世界平和研究所

筒井：前回まで新自由クラブ事務局長の時代をお聞きました。そこから先、世界平和研究所に来た経緯を教えてください。

小島：平和研へはね、大平、中曽根両内閣のブレーンを務めた佐藤誠三郎さんと香山健一さんが誘ってくれたんです。山口敏夫さん（新自由クラブ幹事長）に「小島君の身柄は預かるよ」と話してもらって。平和研ができたのは1988年（昭和63年）なのですが、設立数カ月後に入りました。

筒井：それこそ日本が「ジャパン・アズ・ナンバーワン」と呼ばれていた時代ですね。平和研は日本から世界平和のためにオピニオンを発信しようという目的で設立された政策シンクタンクになりますよね。どういったことを行っているのでしょうか。

小島：平和研は、世界平和と冠する以上、世界平和に繋がることには何事にも取り組みます。実際中国と台湾両者を別け隔てなく扱います。よくわからない人は「中国を刺激するから、それはマズイのでは」と指摘しますけどね。でもここは民間研究機関なんです。世界の平和を謳っているのですから、一方しか付き合わないというのはおかしいでしょう。

筒井：研究者の方達は各省庁から出向して来ていますが、そういった研究者の方達の中で小島さんの役割とは何なのでしょうか。

小島：特に何かということはないんだよ（笑い）。新自由クラブにいる時とやっていることは変わりません。諸事万端に事が運ぶための調整です。当初は事務局次長として活動していました。

中曽根内閣のブレーン

小島：ただ、ここに来て面白かったのは、中曽根さんと後藤田正晴さんとの会話のやり取りを直に聞けたことですね。表向きは中曽根総理に仕えた官房長官後藤田さんですが、裏で二人で話し合う時は立場が逆になり、内務省時代の後藤田先輩と中曽根後輩という間柄になってね。中曽根さんもそれが楽しそうだった。そうした関係から見てもわかるんだけれども、中曽根さんは人の使い方が非常に上手いんです。誰を何処にどう置くか。自分の先輩だろうと適者だと思えば起用するというね。

実際、中曽根内閣を支えたメンバーは、とてもユニークな人達でした。よく野球の打順で例えるのですが1番バッターに山口敏夫さん。2番に村上正邦さんとくる。

筒井：「政界の牛若丸」と「参院のドン」ですか。

小島：そう。二人共ぼくと一緒で逮捕経験がある（笑い）、まぁ切り込み隊長だよね。それを言ったら、山口さんが「おい小島君、オレだってバントと盗塁だけしかできないワケじゃないぞ。たまにはホームランを打つんだ」なんて笑っていましたが。

で、3番には後藤田さんがいて、4番にメザシの土光敏夫さん（IHI・東芝元社長）。5番に金丸信副総理で、6番が田中六助さんと。主要メンバーは個性豊かで経験も豊富な人達です。

筒井：今の政治家では絶対できないことですね。この錚々たるメンバーを纏め上げるというのは。でもそれができたからこそ、三公社の民営化（電々［NTT］・専売［JT］・国鉄［JR］）を始めとした行革が実現できたと。

小島：そうでしょうね。中曽根さんはそうした人の使い方が上手かったのです。

歴代で人の使い方が上手かった総理大臣は誰？

筒井：人を如何に使うか、これが苦手という人は多いと思います。特に企業経営者は兼ね備えなければならないスキルですが、ここに企業経営の難しさを感じている方は多い。人って正しいことを言っても、それで動いてくれるわけではありませんからね。

小島：そういった点では元内閣官房副長官の石原信雄さんが面白いことを言っていました。石原さんは竹下総理から橋本総理まで仕えているんです。それで歴代で人の使い方が上手かった総理大臣は誰かを聞いたんです。そうしたらそれは村山総理とおっしゃる（笑い）。

筒井：意外ですね。

小島：というのも象徴的なエピソードがあるそうで、阪神大震災が起きたとき「官房副長官来てくれ」と。「指揮は全部あなたがとってくれ。何かあった場合の責任は全てオレがとる」こう即座に明言されたのだそうです。そのときの所作がまさにリーダーたるものだったと。世に言われている自衛隊の出動要請のもたつきなど村山総理は色々言われていますけれども、実際に間近に仕えた人から見るリーダーとしては、村山総理はなかなかどうして、きちんとリーダーシップを発揮する、やはり一国の宰相たる人物だったそうですよ。

筒井：東日本大震災の時のリーダーとは違うと。自分で前線に出たがって現場が混乱してしまったと言われている。

小島：そう。リーダーたる行動を取るためには、日頃から人との繋がりを大切にしなければなりません。きっちり人と繋がっていないと有事に対応できないんです。相手との信頼関係がしっかり築けているかどうか。信頼をおいて任せられる関係が作れているかどうかが肝心なのです。

そういった意味でぼくが自分たちの時代と今の時代とで何が違うのかを考えると、ひとつ言えるのは、人との繋がり方が変わったなと思うわけです。ぼくたちの時代は人との繋がりが今よりもっと深かった。ネットとか携帯なんてものがないから表向きは牧歌的というか適当なんだけれども、人と人とがずっと剥き出しで付き合っていたから、根っこがしっかりしていた。信頼というものがもっと築きやすかったですね。それが、今の時代はなかなか難しいように思います。

元祖学生運動指導者はSEALDsをどう見るか

筒井：学生運動も小島さんの時代までは互いを信頼しあう連帯意識があった訳ですものね。どうですか。最近の学生のデモはどう見ていますか？

小島：安保なんかどうでもいいだろうと。もっと自分達の生活を良くすることに直結した活動をすべきと思うのです。安保をやって君達の将来は変わるのかと。それは訊きたい。日本の歴代の若者のなかで、おそらく今の若者が一番搾取されています。もっと本質的な要求をすべきなのではと思うのです。そうでなければ、これ以上の理解を得られることはないでしょう。

人付き合いの大切さ

筒井：なるほどですね。その口ぶりには全学連の人達がやり残した宿題があるように思います。若者に何を伝えたいですか？

小島：う〜ん、ぼくが人に対して言えるのは、面白い付き合いをさせて頂いたということ。ぼくぐらい面白い人付き合いができた奴ってのもそんなにいないと思う。それこそ総理大臣からブタ箱に行った連中まで、財界人から労働組合まで、色々な人と面白い付き合いができましたから。

筒井：多くの成功者を見ていますが、特徴は？

小島：さっきも言ったけど、人との繋がりを大事にすることです。例えば今里広記さん（元日本精工社長）。今里さんは学歴はなかった。でも財界官房長官と呼ばれるほど財界で慕われました。それは、人の面倒見が本当に良かったからです。こんなエピソードがあります。友人の篠原浩一郎君（九州大学、全学連中央執行委員、59年社学同委員長）は学生運動に非常に熱心だったから、逮捕歴13回にもなった。こうなると一般企業への就職は難しい。結局田中清玄さんから山口組を紹介されて、当時田岡組長が仕切っていた神戸港の甲陽運輸に就職するんです。ところが後に今里さんと出会った際、「おい、九大を出て山口組もないだろう。オレが引き取ってやる」といって、本当に引き取ったのです。今里さんは長崎県出身だったから同郷のよしみというかほっておけなかったのかもしれません。

筒井：ここの面倒は俺が見る。そういった意識があったのかもしれませんね。

小島さんは今の若い人に似ている

筒井：篠原さんと同じように、小島さんも人の繋がりで人生が回ってきたように思います。入社試験も受けずに就職していますし、政界に入ったのもやはり人の繋がりですよね。

小島：そうですね。本当に人の繋がりに助けられた人生です。だから、今の若い人に伝えられることがあるとすれば、人の付き合いは本当に重要だということですね。どうも今の人は自立するということの意味を履き違えているように思えるのです。自立って自己責任とか一人でやっていけるようになる状態を指すのではありません。自立するということは依存先をたくさん増やすことです。頼れる人をいっぱい作ること、それが自立なのです。困ったときに助けてくれるような人をたくさん作ること、そうした人付き合いを大切にしてください。

筒井：ここまでお話を聞いてきて、私が一つ思うのは、小島さんの半生というのは今の若い人に似ているんですよね。今の若者のライフスタイルを先取りしているように思えてなりません。というのも、小島さんは典型的なサラリーマン生活を送ったことがない。これは小島さんの年代ではとてもめずらしいことです。終身雇用が当たり前だった時代、そうした企業のコミュニティーに属さなかった人です。

　日本は戦後コミュニティーの場が、村から会社に移っていきました。それが90年代まで続いた。その会社中心の縁でコミュニティーが形成された社会に、小島さんは属していない。21世紀になると会社のコミュニティーが潰れてしまった。次に来た無縁社会を経て、これから小さな縁ができる多縁社会になっていくと言われている。今はその端境期。

　ところが小島さんの生き方は、この多縁社会時代を先取りしたように思うのです。本人が意図せず色々なコミュニティーを上手く渡り歩いた。そして80才を超えて現役であり、且つ毎日を謳歌していらっしゃる。こう見ると、小島さんの存在は今の若者にとって一つの吉兆に見えます。小島さんを見てみろ、未来は暗くないぞと言えますから。

小島：ありがとう（笑い）。

筒井：こちらこそ本当にありがとうございました。

●インタビュアー／筒井 潔
慶応義塾大学理工学部電気工学科博士課程修了。株式会社海野世界戦略研究所代表取締役会長。アジアパシフィックコーポレーション株式会社代表取締役社長。プライベートクラブ「南山会」会長。共訳書に「電子液体：電子強相関系の物理と応用」（シュプリンガー東京、1996）、共著書に「消滅してたまるか：品格ある革新的持続へ」（文藝春秋、2015）がある。

純国産ジェット機を持ち上げるなら 三菱よりホンダだろ!

佃製作所が提供したバルブシステムを搭載した純国産ロケットの打ち上げが、11月15日、無事成功した。そこまでの道程を見守ってきたワタシとしては、社長の佃航平氏以上に涙腺を緩ませた。おめでとう関係者の皆さん!……あ、佃製作所、ご存じない? そうです、ドラマの「下町ロケット」です。

たまたま国産ジェット旅客機MRJの初飛行があったり、さらに純国産初の商業用H2Aロケットの打ち上げ成功なんかもあったりしたので、ついアツくなってました、ハイ。

ご承知のように、いずれも下町ロケットのモデルとなった三菱重工(MRJは子会社の三菱航空機)が開発した日本の先端技術の結晶である。

とくにMRJは、戦後航空機製造業の消滅を余儀なくされた日本にとっては悲願であっただけに、マスコミの扱いは大きかった。

MRJは従来機より燃費が2割いいのが最大のウリだ。三菱は、今後中型ジェット機市場の5000機の半数近く、2000機を狙うと強気だ。現在採算ラインの400機の注文があるという。ただ決して安閑とはできない。

先行する2強、ブラジル・エンブラエルとカナダのボンバルディアに加え、中国とロシアが中型機「ARJ」と「スーパージェット100」を開発している。中国が先行開発したARJには、信頼性に疑問符がつくとして、引き合いはないようだが、ロケット打ち上げの実績では日本を1桁上回っている中国の空の実力は侮れない。ロシアも同様だ。ボンバルディアもエンブラエルも当然必死に新型を出して来る。型式証明に手間取れば、キャンセルの憂き目もありうる。

何よりワタシが気にしているのは、「戦後初国産ジェット旅客機」という見出しの扱いだ。聞けばMRJの部材の7割は海外という。航空機という世界を相手にするビジネスであれば、その調達先に海外を入れる必要があることは分かるし、イマドキはクルマにしてもグローバルサプライチェーンのなかで完成させるものだ。ただウリのエンジンは航空エンジンメーカー「プラット・アンド・ホイットニー(PW)」製だ。「そのあたり、どうよ?」という気もする。

とすれば、もっと褒めてしかるべきなのが、今年米国から日本に飛来した純国産ジェット機「ホンダジェット(HJ)」ではないか。HJは、四輪メーカーのホンダが開発してきた7人乗り(機長含む)のビジネスジェット機だ。すでに米国の事前型式証明は取得、あとは本証明を待つだけだ。米国での生産認可も降りている。MRJとは規模と技術の位相こそ違え、何せ四輪メーカーが航空機メーカーになった例は稀有で、しかもエンジンと機体を総合開発したのは世界初。

聞けば**まだ二輪メーカーだった1960年代に創業者の本田宗一郎が構想を描き、歴代社長がその思いを紡ぎ、独自技術開発を重ねて実現したのだ。**肝心のエンジンは表向きGEとの合弁になっているが、基本設計・開発はホンダオリジナル。GEはF1とエコカーで培ったその性能に魅了され、GE側から提携を申し込んだのだ。HJはその高性能エコエンジンと、主翼にエンジンを載せる独自形状のボディでクラストップの燃費を誇る。

歴史を端折れば、**田舎町の自動車修理会社がジェット機を独自開発し、事業を軌道に乗せようとしているのだ。**歴史的快挙と言っていい。だがホンダの歴史を紐解けばある程度得心がいく。

ホンダが四輪メーカーとして国内市場に参入しようとした1960年代、当時の通産省が「アメリカのビッグ3が進出したら、日本の自動車メーカーは生き残れない」と、臨時法案まで用意し、クラス別に2、3社に整理する予定だった。ホンダもその合併対象になっていた。航空機どころか四輪メーカーの夢を潰されかねないと判断した宗一郎は猛反発し、通産省に怒鳴り込んだ。以来ホンダは国への反発を強め、独自路線を鮮明にした。**その反骨精神が、世界初のエコエンジンCVCCやアシモ、ホンダジェットを生み出したと言ってもいい。**

そして通産省が進めたホンダの合併先こそが、三菱自動車だった。

MRJ報道がどうも〝官〟受けのいいのは三菱だからというのは、穿ちすぎなのかもしれないが、いずれにしても官の判断というものは、用心して聞くべきだろう。

イマドキのビジネスはだいたいそんな感じだ。

板金加工メーカー
が光る武蔵国の雄

自動車部品に加え、医療機器へも参入

メカトロニクス

1952年、同社設立と同じ年に生まれた同氏。日本大学生産工学部電気工学科を卒業後、現在でいうメカトロニクスを用いた初のカメラ「エレクトロ35」を生み出したカメラメーカー、株式会社ヤシカ（長野県諏訪市）に入社する。

武州工業株式会社に入社したのは1978年。創業者である先代社長は機械が専門、同氏は電気工学が専門だったため、これらを融合し、メカトロニクスの機械設備を作るようになる。「ミニ設備」に代表される特徴的な同社の機械はすべてメカトロニクス。のちに「勇気ある経営大賞」を受賞する同社が成し遂げた低コスト化には、こうした土壌があった。

自動車部品のパイプ

同社の本業は自動車部品用のパイプ曲げ加工。創業63年の歴史には山もあり谷もあったが、同氏は「当社は、世の中よりも落ち込み方が遅くて小さく、そこからの立ち上がりも世の中より早い」と語る。たとえば、バブル崩壊のときもそうだ。2000年、カルロス・ゴーン氏が日産の社長に就任し、リストラクチャリングを行った。簡単に言えば、儲からない仕事をカットし、儲かる仕事に専念するのがリストラクチャリング。部品メーカーにとって、その儲からない仕事がパイプ加工だった。バブル期に、増え続ける生産台数に生産が追いつかなくなり、下請けへの発注のみならず自社生産も行うようになったが、バブル崩壊でそれが過剰設備となり手放したのだ。このとき、手放された5社7工場のパイプ部品を設備ごと・仕事ごと引き受けた同社は、バブル崩壊の翌年から4年間、売り上げが伸び続けたという。

医療機器分野への参入

かつては同社の売り上げのほぼ100％を占めていた自動車部品は、現在約半分の54％。とはいえ、自動車部品

国内生産で成長を続ける パイプ曲げ加工
「1個流し生産」などアイデア経営

●武州工業株式会社／代表取締役　林 英夫氏

日本企業の海外進出が相次ぐ中、自社製の機械設備や独自の生産システムなど徹底的なコスト削減で競争力を付け、日本国内で成長を続けるのが「武州工業株式会社」。自己資本比率は5割を超え、優良申告法人として表敬され続けている。コンサルを入れずに自分たちですべて考えるという同社の経営は、製造業・中小企業のヒントとなるアイデアに溢れている。

は減ったわけではなく、微増を続けている。新たに医療機器へ参入し、大きく伸ばしたのだ。

自動車部品は、安価で数の出る大量生産だ。しかし、本来医療の分野は異なる。医療機器の利用者は医療関係者に限られ、その中でも診療科ごとに細分化されている。自動車と比べてはるかに小さなマーケットで、ひとつの部品が月産300本程度にすぎない。同社が医療分野に参入したのは、内視鏡下外科手術の処置具に使うディスポーザブル（使い捨て）のパイプ製品を受注したから。前述のような小さなマーケットを相手にしていた医療用パイプ製造業者は、月産数万本に及ぶというディスポーザブル部品の生産能力がなかったのだ。しかし、同社は長年自動車部品を月産90万本ほど生産してきた。しかも、コスト削減で利益を出す熾烈な自動車業界が主戦場だ。生産量も、見積もりも、桁違いの能力を持っていた。こうして医療分野の仕事が増え、2011年から2014年までの間に売り上げ全体の40％を占めるまでに成長したのだ。

自社製品「パイプグラム」

2014年には、デザイナーの小関隆一氏とのコラボによる知育玩具「パイプグラム」を発売、BtoCにも乗り出した。小さなパイプを組み立ててさまざまな形を作る、いわばパイプ版「ブロック遊び」ができる玩具だが、そのデザイン性や品質の高さ、また自由度の高さから、大人も遊べる知育玩具として注目を集めている。パイプグラム誕生のきっかけは、モノづくり企業とデザイナーとをつなぐコンペティション「東京ビジネスデザイン

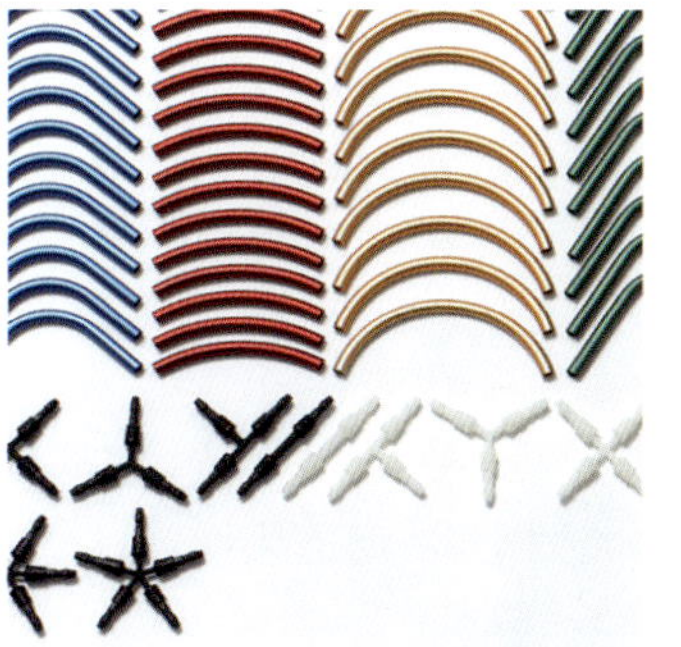

グッドデザイン賞2014、iFデザインアワード2015を受賞した「パイプグラム」。写真上は、硬さのある黒いジョイントでしっかりとした立体をつくることができる「ベーシックセット・B」による20面体。ほかにも、柔らかな白いジョイントで作品の変形が可能な「ベーシックセット・W」や、オリジナルカーブのパイプで真鯛・カエル・だるま（写真中央）などの形がつくれる「組み立てキット」があり、また、ベーシックタイプのパイプやジョイントにはレフィル（写真左）も用意されている。

5期ごとに定めたテーマに沿った活動を進める「アタックV活動」。今期は「おもてなしの心で」を活動テーマとし、顧客と密接なコミュニケーションを図りながら工程内品質保証体制を確立していくことなどを目標として、社員一丸となり取り組む。
（写真上：工場内／下：新町サテライト工場外観）

アワード」だった。2013年、同アワードにパイプ曲げ加工技術で応募した同社に、10人のデザイナーが知育玩具を提案。その中から、「このアイデアなら、小さい頃からモノづくりに親しんでもらえると思った」という小関氏のパイプグラムが採用されたという経緯だ。自社製品を持つことでさらに安定した経営を図ると同時に、高齢化や後継者不足に悩む製造業の未来の担い手を育てる意義もある。日本発のモノづくり玩具、パイプグラムに期待がかかる。

「1個流し生産」

1個流し生産

同社の最大の特徴は、1人の多能工が生産の全行程を担当する「1個流し生産」と名付けられた生産体制だ。1985年に導入し、人材育成やIT化を進めながら年々磨き上げてきた。この1個流し生産を、スペックを絞った自社製の機械である「ミニ設備」で行うことでローコスト化に成功、少品種大量生産から多品種少量生産への変革に成功した。1個ずつしか作らず、在庫も抱えない。注文があった時点で生産する、中小企業ならではのフレキシブルなモノづくりだ。

日本の職人のモノづくりに着想を得たという「1個流し生産」。道具づくりも含めた工程の最初から最後まですべてを1人の職人が行うという特徴を取り入れ、同社の「1個流し生産」も、最低限の機能のみを持った「ミニ設備」を自社で作り、生産計画から品質保証まですべてを1人の多能工が担当する。

「1個流し生産は、フランチャイズのラーメン屋さんのイメージです。フランチャイジーの親方が私で、1人ひとりが店長です。もちろん、社としてのベクトル合わせは行いますが、品質、コスト、納期、開発、マネージメントなど、任せている範疇が大きいわけです。ラーメン屋さんで、ラーメンにゴキブリが入っていると困りますよね。自分のラーメンに入っていたら、作り直せと返します。でも、周りで食べている人は自分のラーメンには入っていないから平気です。なぜ自分のラーメンには入っていないことがわかるかというと、ラーメンは1杯ずつ作っているからです。これが大量生産だった場合はカップラーメンと同じですから、1つに入っていたらすべてを疑わなくてはならない。1個ずつ作っていれば、どこに入っているかわかるんです」

3Z保証

「1個流し生産」は、1個ずつ作っているため検査の工程を設けていない。1個流し生産で作った製品が完成に至ったということは、すなわちすべての工程が正しかったことを意味するからだ。問題のある製品が完成に至ることはなく、完成した時点で100%保証されているため、そのままトラックに積んで発送してしまう。これが1個流し生産でなければ、生産工程とは別に検査のプロセスを設け、何度も検査を行わなければならない。ここにも、同社のコスト削減のアイデアがある。

同社の1個流し生産では、

「1直・8時間・20日」の労働環境を目指す「8・20体制」に留まらず、同社ではさらなる従業員満足度の向上を図っている。

検査がない代わりに、工程内で「3Z保証」という品質保証をしている。3Zとは、「作らず、流さず、受け取らず」の3つのZから成る。設備や金型といった工程能力の部分で保証するのが「作らず」だ。そして機械や金型の不具合によって不良品が出た場合には「流さず」という工程内のチェックが入り、次の工程に流れない。そして前工程、購入部品などに不具合があった場合に受け取らないようにする仕組みが「受け取らず」だ。1個流し生産は、独立した検査プロセスを工程内に組み込んでしまうことで、コストをカットしているのだ。

完全国内志向で優良企業であり続ける

良好な労働環境、優良申告法人

同社は「8・20体制」と名付け、「1直・8時間・20日」の労働環境を目指している。「1直」はすでに実現し、年間勤務日数が245日のため「20日」もほぼ実現している。8時から17時までを定時とする「8時間」勤務についても、水曜日はノー残業デーであるほか、多少の残業もクライアントの都合などやむを得ない範囲にとどめている。

また、税務内容も良好な同社は1968年から赤字決算がなく、5年に1度の優良申告法人の表敬を7度受けている。7度の表敬は、所属する立川法人会1万2千社中、わずか2社だ。

勇気ある経営大賞

2012年、東京都商工会議所が主催する「勇気ある経営大賞」を受賞した同社。「1個流し生産」と医療分野への挑戦が評価されての受賞となった。4次審査に臨んだ同氏は、「国内で世界に通じるコストの自動車部品を製造すること、それが当社の勇気ある経営」と述べたという。

自動車業界には「LCC」という言葉がある。「Low Cost Country」、世界で最も安い国の価格をグローバルプライスとし、生産地がどこの国であっても、その値段で作るという考え方だ。中小企業までもが海外生産に踏み切る状況だが、日本でその値段で作れるのであれば、海外に行く必要はない。国内でLCC価格の生産を行え、「8・20体制」で労働環境も良く、優良申告法人として社会貢献ができれば、海外に出る必要がない。同社は見事にそれを実現し、なんと5割超の自己資本比率というバランスシートを達成している。さまざまなアイデア経営は、すべてこれを実現するためだ。

アタックV活動

同社が5期ごとにテーマを決めて取り組む中期戦略が「アタックV活動」だ。1985年に始めた「アタックV活動」、過去には1個流し生産やミニ設備などを含む「限りなきコストダウン」のほか、3Z保証での「不良ゼロへの挑戦」、その後は「頼れる職人企業へ」「感動のサービスを提供する」などをテーマに定め、取り組んできた。

今期の5年間は「おもてなしの心で」だ。3Z保証で行ってきた工程内品質保証の更なる精度アップのため、「目指せAランク」を目標に設定。Cランクは目視確認、Bランクは治工具を用いて確認、Aランクは人の判断を伴わない自動全数検査だが、すべての設備でAランクを導入することを目標としている。このほか、従業員へのおもてなしという意味で、「8・20体制」に留まらず従業員満足度の向上を図っている。昨年には、パートを0にし、全員を正社員登用した。手厚い給与体系のほか、育児や介護を行っている社員のために時短制度も導入するなど、働きやすい職場づくりに努めている。◇

2013年には、医療機器分野の更なる拡大を見越して新たに工場を竣工。長年培ってきたノウハウと若手社員の柔軟な発想を生かし、これからも挑戦の手は緩めない。同社の経営は、日本の中小企業や製造業に大きなヒントとなるアイデアに溢れている。まだまだ、国内でできることがある。

◉プロフィール
はやし・ひでお氏
1952年　東京都生まれ。
1974年　日本大学生産工学部電気工学科卒業。株式会社ヤシカ入社。
1978年　武州工業株式会社入社。
1992年　代表取締役。現職。

◉武州工業株式会社
〈本　社〉
〒198-0025 東京都青梅市末広町1-2-3
TEL 0428-31-0167
http://www.busyu.co.jp/

企業の危機を救うのは常に技術と行動

「できます！」から始まるモノづくりへの挑戦

●株式会社ファイネス／代表取締役　金杉賢治氏

溶接の高い技術力を素に、さまざまな金属パーツの加工を手がける株式会社ファイネス。1998年の創立以来、ピンチに直面する度に速やかに解決方法を模索し、危機を乗り越えて事業を拡大してきた同社は2015年1月に本社・工場を埼玉県飯能市茜台に移転。航空機の部品製造や自社ブランド商品の販売など、将来を見据えて新たなステージに進む準備が着々と進んでいる。創業者で代表取締役の金杉賢治氏に話を聞いた。

始まりは30坪の小さな倉庫から

金杉氏が鈑金・溶接の世界に入ったのは工業高校を卒業後、父が経営し兄2人も働く鈑金加工の町工場に就職したことに始まる。数年間鈑金・溶接の職人として技術を磨いた後、「自分で会社を興したいから辞めさせてほしい」と父に直談判したのが22、23歳の時だったという。そして、ようやく許可が出たのが27歳の時だった。

父の工場がある東京都昭島周辺を避けて埼玉県入間市に借りた30坪の小さな倉庫に置いたのは溶接機1台のみ。経営ノウハウも営業ノウハウも会計知識もなく、あるのは溶接・鈑金加工の技術だけというかなり無鉄砲な船出だった。

「頑張っていればなんとかなるんじゃないかと思っていて、普通行うべき根回しや営業を全然考えていなかったんです。当然最初は仕事はまったくなくて、月十数万の倉庫の家賃を払うのに四苦八苦していました」と金杉氏は当時を振り返る。父の会社に頼ることもできず、あまりの仕事のなさに知り合いの会社を訪ね、発注されてもいない仕事を勝手に作って持っていったこともあるという。「もちろん怒られました」という結果だったが、そうして一所懸命奮闘する金杉氏に思わぬ助け舟がやってくる。

「隣の倉庫でやっている鈑金屋の社長さんがものすごくいい人で、仕事をくれ、設備も使わせてくれ、足りない材料までくれました。また起業の噂を聞いたからとドリルなんかをただでくれる工具屋さんもいて。なぜそこまで助けてくれたのかは分かりませんが、そうやっていろんな人がいい方向に導いてくれたことが今につながっているんです」

「できます！」の即答でチャンスを掴む

そうしてとにかく「声がかかった仕事は何でもやる」と苦戦を重ねていた金杉氏の下に、起業から半年ほど経ったある日、千載一遇のチャンスが訪れた。知人と偶々知り合いだった精密機械加工会社の人物から、医療用レーザー発振器のカバーを鈑金加工で作れるかという打診があったのだ。技術的に非常に難しいものでいくつもの工場で断られたというその話を聞いた金杉氏は、次の瞬間には「できます！」と即答。塗装やシルク印刷などほかの注文にも同じく即答し、この仕事を任されることになった。もっともそ

撮影：高永三津子

の時点では塗装屋や当てもなく、シルク印刷については聞いたこともない状態。しかしそこから「どうすればできるか?」に全力で取り組み、力を尽くして作った製品は大好評。次のプロジェクトとして半導体検査装置の部品製作をやってみないかとの話にもつながり、もちろんすべてを引き受けることとなった。

「その方が多くの仕事をうちに投げてくれたんですが、当時こちらは僕ともう1人のみ。当然やりきれないのでそこの会社の従業員をうちに派遣してくれて、そこから一気に開けました」と金杉氏は振り返る。チャンスの女神には前髪しかないというが、その貴重なチャンスをモノにできた時の見返りはまた大きい。仕事の増加と共に同社の規模は順調に拡大し、2000年には法人化して社名を有限会社ファイネスと改め、それまでの溶接中心から鈑金加工も充実させる変更を実施。新たにレーザー切断機やプレス機も導入するなど、自社で一通りの金属加工ができる体制作りに乗り出したのだ。

ピンチを機に体制を見直し

しかし半導体は好況不況の浮き沈みが激しい業界。その波は大きなうねりになってできたばかりの同社にも襲い掛かり、設備投資を進めていた中で企業からの注文がストップするという危機的状況に見舞われてしまう。だが金杉氏はピンチもチャンスに変える発想で、これを機に一業界一社集中をやめて食品や医療機器などさまざまな業界の仕事を受けるようにしたほか、若い社員のレベルアップにつながりそうな単価は安いがそれほど高い精度は求められない仕事も取るようにするなど、従業員の育成体制も整備。堅実な経営を続け、起業から10年目の2008年には入間市内に新しい工場を買って移転した。見た目にも美しくすっきりした工場に移ることで、感覚的にも精密な部品を任せても安心だと顧客に伝えていくのがその狙いで工場見学も積極的に働きかけ、注文を出してもらえる環境作りにも力を入れていった。

日本トップレベルにあると金杉氏が胸を張る同社の溶接技術

原点回帰で開けた「組み立て」という道

だがそうやって軌道に乗り始めた同社を今度はリーマンショックが直撃し、またも一気に仕事は減少。工場の借金はあるが仕事がない状況で金杉氏は、少しでも利益がでるならほかより安くして何でも仕事を取ってくるという道を選択するが、それは「間違った経営をしてしまった」のだという。

「そうすると当然、会社の中は忙しいのに売り上げは全然上がりません。従業員には大変苦労をかけてしまいました」

このピンチもチャンスに変えられなければ将来はない。この正念場で金杉氏が取ったのは、同社の原点でもある方法だった。「潰れないためには下請け、孫受けの中でやっている仕組みを直受けに変えるしかない」と考えた金杉氏はその方法として部品製造だけでなく装置の組み立てまでやる〝アッセンブリ製品〟を扱うことを決断。早速営業に行き仕事をとってきたのだ。

当然同社には、この時点で鈑金加工の部品製造技術はあっても、それに続く機械の加工や組み立てのノウハウはない。それでも図面を頼りに組み立てを完成させ検証し、その方がより大きな仕事を受けることもできると判断して導入を決めると、工場近くに専用の工場を借りて本格的に機械の加工や組み立てに取り組んだ。その判断に狂いはなく、7年経った現在では同社の事業の柱の一本に成長。場所も手狭になったことから工場を移転・統合し2015年1月に移った飯能市茜台の新工場では、それに加えていくつか未来を見据えた新しい取り組みも始まっている。

未来を見据えての経営方針

その取り組みとは、まず安くて良い物を求める顧客ニーズに応え価格が安いものでもきちんと利益が出るような仕組みを作ること。そしてエネルギーや航空機など将来性が見込める分野の仕事を積極的に受注することだ。これらの仕事は短納期のものが多く、今までの仕事を行っている方が今は楽に利益が出せる。しかしそのメリットを多少捨ててでも、将来性のある業界の仕事を自分たちのものにしていくことが重要だと金杉氏は話す。

「今考えているのは例えば航空機の部品製造。そこでいかに効率のいいやり方を作りあげることができるかがこれからは大切になっていくと思います」

さらにもう一つ、「メーカーとして自社ブランドの製品を販売する」という試みも2016年1月にスタートしたばかりだ。栄えある商品第1号は、食品や飲料の生産ラ

新工場

インなどで使われる金属フィルター洗浄用の超音波洗浄機。フィルターの製造も手がける同社ならではの商品で、これまでの数年間OEM形式で行い経験を積んだものをいよいよ自分たちのブランド商品として売り出そうというものだが、目的は単に自社ブランド製品の創出と拡大ではない。

「製造を手がけているというとっかかりがあったのでこの商品になりましたが、一番の目的は自分たちがメーカーとして販売したらどういうリスクがあるのか、どんな問題に直面するのかを知ることです。一度体験しておくことで、将来新しい商品を作ろうとした時に必ずその経験は活かせると思います」と、ここにも未来を見据えた思惑が込められているのだ。

仕事とは考えてチャレンジすること

現在同社を支えているのは、創業時から磨き日本トップレベルにあると胸を張る溶接、同社の基礎を築いた鈑金加工、7年間で成長を遂げたアッセンブリ製品と現在進行形で挑戦が続く成長産業への参入と自社商品の販売だ。同社が危機を乗り越える度に徐々に拡大してきた各事業は技術を土台に展開した関係でもあるが、それぞれが一本の太い柱となっている。

◇

「〝モノづくりの可能性に挑み続ける！〟が当社のモットー。やってほしいというお客さんがいるのに、できないというのはあり得ません。仕事はできるかできないかではなく、やるかやらないか。もらってから一生懸命考えて、チャレンジするのが仕事です」

最後に話してくれたその一言に金杉氏の生き様がありありと感じられた。

◉プロフィール
かなすぎ・けんじ氏…1970年10月生まれ。東京都昭島出身。昭和第一工業高等学校卒業後、父の営む鈑金加工工場に就職。溶接・鈑金技術を習得し1998年に27歳で独立、金杉精密を創立。2000年に有限会社ファイネスを設立し、代表取締役に就任。2004年には株式会社ファイネスに組織変更し現在に至る。

◉株式会社ファイネス
〒357-0069 埼玉県飯能市茜台3-5-4
TEL 042-978-7406
http://www.finessecorp.com

日本のモノづくりを支える金属スリット加工のエキスパート

日々の研鑽から生まれた世界初の軟質材「バリレス加工」技術

●株式会社仲代金属
代表取締役社長　安中 茂氏

各種非鉄金属 精密スリット加工
工場統括部門長　桒原大樹氏

日本のモノづくりを支える金属加工技術。しかし安い外国製品との価格競争に巻き込まれ廃業したり工場を海外に移転する企業も少なくない中、金属スリット加工に特化し他の追随を許さない高い技術力で真っ向勝負する会社がある。その会社とは、創業以来ひたすら技術の研鑽に取り組んできた「株式会社仲代金属」。東京足立区にある本社を訪ね、創業社長の安中茂氏と各種非鉄金属精密スリット加工工場統括部門長・桒原大樹氏に話を聞いた。

金属のスリット加工一筋で40年

株式会社仲代金属は1974年の創業以来、金属のスリット加工一筋にその技術を磨いてきた会社だ。金属スリット加工とは、薄い金属箔やアモルファス合金薄板などさまざまな金属を用途に応じたサイズに幅を細く切断加工すること。加工された金属はスマートフォンや携帯電話のバッテリー、自動車エアバッグ用SRC（電気信号線）、エアコンなど家電製品用のトランス部品などさまざまな場所で使われ、現代の暮らしを支えるなくてはならない技術の一つとなっている。

ただ一口に「金属を切る」といっても、さまざまな性質、厚み、幅、硬さの金属をその用途に合わせて顧客の要望通りに仕上げるのは並大抵のことではない。顧客の希望に一つひとつ応えることで築きあげられてきた同社のスリット加工技術は、1987年におそらく世界で初めてアモルファス合金（電子機器の重要部に使われる金属）の長尺スリット加工に成功したり、高容量モーターの実用化を可能にする正方形の断面を持つ金属線・四角線のスリット加工では髪の毛1本と同じ細さ（0・075㎜）に切断する超精密加工にも成功するなど世界トップクラスで特許も多数取得。世界で生産されるエアバッグの約6割、国内で製造されるモバイル端末用リチウムイオン電池の約4割に同社の加工品が使われている。

2015年 世界初「バリレス加工」を完成

そんな同社に2015年8月、新しい生産ライン「バリレス加工」ラインが登場した。バリとは材料を切ったり削ったりした時にできる出っ張りのこと。アルミやニッケルなど軟らかい金属が使われる二次電池のタブリード材（二次電池の正極・負極から電気を外部に送り出す端子）では、溶解点が低いために何度も充電を繰り返すうちにバリが大きくなり、液漏れや発火の原因にもなるために、安全面からバリの極小化が重要視されていた。そんな中同社は、「お客さんに100％満足してもらえるものを」と、この問題に真っ向から挑戦。従来品でも10μm以下と小さかったバリの更なる極小化に取り組み、4年間の試行錯誤の末、バリ・カエリを1～5μmと半減以下に抑えて高いフラット性を実現することに成功したのだ。この技術は世界で初めてとなる。安中氏は「今は電池からですが、ほかにもバリで困って

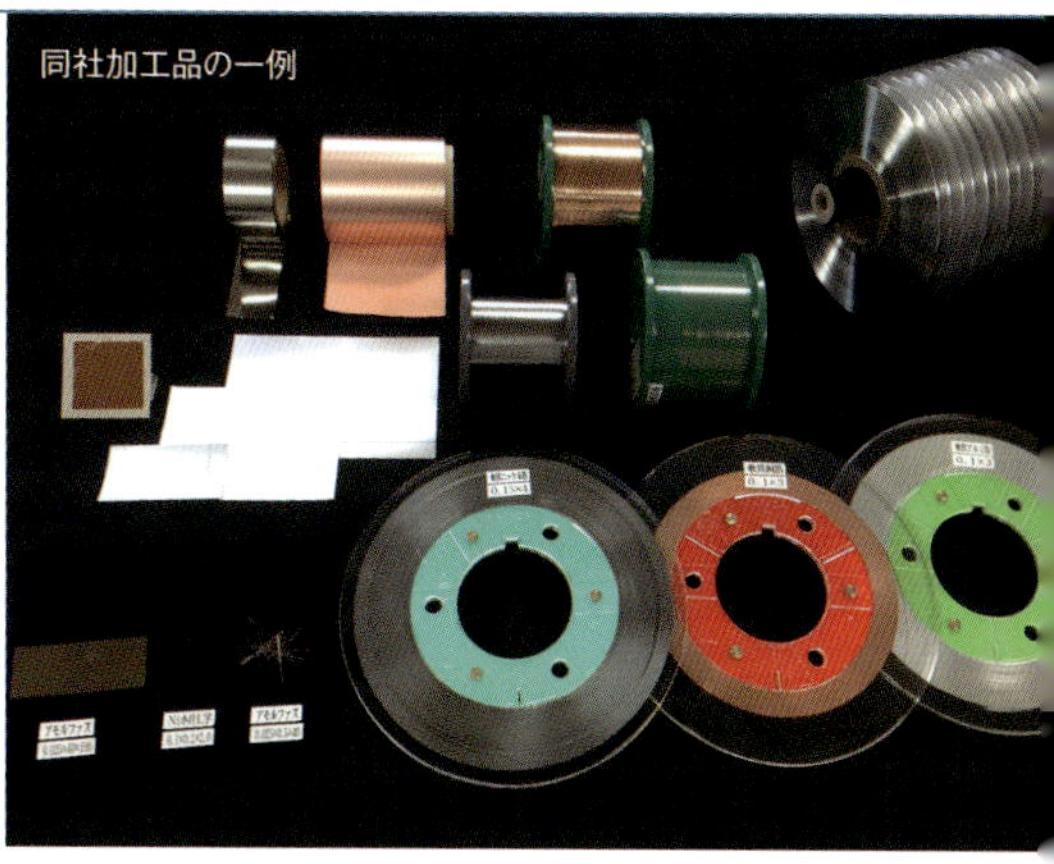
同社加工品の一例

いる業界はあるはず」と期待を滲ませる。

中国からの撤退が転機に

現在は本社のある加平と、新潟の2つの工場で国内のみ(韓国合弁会社三進メタルは除く)で加工を行っている同社だが、以前は現地企業と技術提携や子会社設立を行い上海と蘇州でスリット加工を行っていたこともあった。しかし中国への進出は必ずしも良い結果にはならなかったという。

「異国の地で子会社を設立したので当然ではあるんですが、我々の信用を基とした受託加工というビジネスモデルが通用しなかった。主として技術をお客様に買って頂いているので、その国の文化や習慣、モラルが我々とは合致しなかったんです。その上で中国より完全撤退を決定。規模を縮小してでも、再度日本に技術を集結し、バリレス加工をはじめ日本生産にこだわってやることにしたんですね」と安中氏は当時を振り返る。そうして組織をスリム化しバリ極小化に取り組み始めたのが2011年のことだが、もちろん最初から順調だったわけではない。とある外部機関からは「売れるか売れないかわからない新技術開発に資金を費やすのはどうなのか。そんなにやりたければ親から金を借りてやれ」とまで言われる始末。その中であっても、信念をもって取り組み続け、日々試行錯誤を重ねた。試作機で加工技術を確立し、現在3代目にあたる量産機は国の助成金から認められ、ようやく実用化となったものだ。「最初から確実な売り上げが見込めるものでなくても新技術は私たちにとって将来の宝。それを最初に潰してしまったら、そこからは何も生まれない」と桒原氏は語る。

新技術は日々の研鑽と挑戦から生まれる

今回実用化されたバリレス加工技術は「よりバリが少ない製品を」というメーカーの声に応え、日々歩みを進めてきたスリット加工の延長線上に誕生したものだ。新技術ではあるが、同社の歴史と「軽薄・極細」へのこだわりから生まれた技術とも言える。これを頭に、極箔(金属を非常に薄く延ばしたもの)の基板をバリ0で切る技術の見通しも既に立ち、次のプロジェクトとして動いているという。「この次に新潟工場から出てくる技術は半端じゃない」と安中氏が太鼓判を押す自慢の技術だ。

もう1つ、国の研究機関が長年研究開発を進めている超電導線材の加工でも同社は高い技術を持っている。超電導現象とはある種の金属や合金・酸化物を一定温度以下にしたときに電気抵抗が0になることで、これを利用すれば送電ロスなしで電気を遠方に送れる、ループさせることで電気の貯蔵が可能になると見られるものだ。例えばリニアモーターはガイドウェイの推進コイルに電流を流すことで磁界(S極・N極)を発生させ、車両の超電導磁石との間に生まれる引き合う力・反発する力を利用して推進力を得る仕組みだが、ほかにも通信や医療、エネルギーなど幅広い分野で高い応用性が見込まれている。それに必要不可欠な線材の加工が可能なことが同社の大きな強みとなっている。

営業力を加え更なる飛躍へ

営業も購買部も持たずメーカーや商社からの加工を受注するスタイルで経営を続けてきた同社だが、今は安中氏と桒原氏を筆頭に進んで営業活動に取り組んでいる。同社スリット加工技術が活用できる更なる機会探しにも乗り出した。「営業は下手」と言いつつフットワークも軽く各地を訪問し、少しずつ成果が上がっている。だがそれはもちろん、ひたすら技術の修練に努めることを宣言し、技術の研鑽に邁進してきた同社のやり方を変えるものでは決してない。

「技術の修練を通して社会に貢献するのがうちのあり方の根本。今後ともその道を極めていきたい」という安中氏は2027年のリニアも「やりたいなあ」と笑顔を見せる。揺るぎない確かな芯を持った同社の未来はきっと明るいものであることだろう。

◉プロフィール

あんなか・しげる氏…新潟県出身。15歳で上京し、スリット加工会社に就職。15年間の修業の後に独立し1974年に東京都板橋区志村にて創業する。1976年に有限会社として足立区加平で同社を設立。1999年に株式会社に組織変更し、代表取締役に就任。現職。

くわばら・ひろき氏…東京都出身。都立高校普通科を卒業後、就職した企業で金属スリット加工に出合う。退職後、1999年に株式会社仲代金属に入社。現在、各種非鉄金属精密スリット加工 工場統括部門長。

◉株式会社仲代金属
〈本社・加平工場〉
〒121-0055
東京都足立区加平3-14-11
TEL 03-3605-7730
http://www.nakadai-metal.com/
〈新潟工場〉
〒959-1967
新潟県阿賀野市本明字下夕道391
TEL 0250-62-7706
〈研究開発センタ〉
〒121-0055
東京都足立区加平 2-9-2
TEL 03-3605-7730

切削加工部品

葛飾の元気な町工場！

旋盤加工の技術力に転換力・発信力をプラス

●有限会社ミツミ製作所
専務取締役　**山田賢一氏**

東京都葛飾区で主に自動旋盤による金属切削加工業を営む有限会社ミツミ製作所。昭和初期から旋盤加工ひとすじの「何でもやれる挽物屋」だ。代々培った技術力に転換力・発信力を付加し、同社を活性化させる次期社長・山田賢一専務に聞いた。

「何でもやれる挽物屋」

4代にわたる旋盤加工

精工舎（現：セイコーホールディングス株式会社）の社員だった同氏の曽祖父・山田三次氏が、墨田区で時計店を開業したのは１９２０年のこと。この時計店を営みながら、部品を自分で作ってしまおうと、金属加工を手がける「山田カナ製作所」を創業したのが１９３０年だ。時を下ること50年余、１９８２年に同氏の父・山田三津男氏が山田カナ製作所から独立し「ミツミ製作所」を創業。屋号が変わっているとはいえ、本家の山田カナ製作所は既に廃業しているため、山田三次氏が起こした旋盤加工・金属加工業を現在に受け継ぐのは同社のみ。次期社長である同氏で４代目ということになる。

4名の職人たち

現在の同社は従業員数６名、うち現場の職人は４名だ。同社を創業した山田三津男社長は、三次氏の孫にあたる。すでに息子の賢一氏に事業経営を任せ、さまざまなチャレンジを温かく見守っている。得意分野は空調関連部品、口下手な職人肌、真面目そのものといった人物だ。賢一氏の義弟にあたる武田秀明氏は営業職の経験もあり、経営に関して賢一氏の相談役、参謀の役割も果たす。酒井大輔氏は賢一氏の高校での同級生。勤務14年の間に手がけた仕事のデータが頭に叩き込まれており、瞬時に取り出せる頼もしい特技を持っている。

以上３名に賢一氏を加えた４名がそれぞれの熟練の腕前に加え、三次氏の代から積み重ねてきた経験や知識を活かし、オーダーメイドの少量生産から数万個という量産まで「何でもやれる挽物屋（ひきものや）」がミツミ製作所だ。

メインは自動旋盤加工

旋盤加工は、回転させた材料に刃物を当てて削り、円柱や円錐形の回転体を作る加工のこと。材料をモーターで高速回転させ、刃物で削る機械が「旋盤」だ。

同社でも以前は汎用旋盤と

呼ばれる機械を使い、職人の技で加工していたが、現在は10台あるコンピュータ数値制御のCNC複合自動旋盤機での加工がメインとなっている。自動旋盤といっても、人間の技が必要なくなったわけではない。加工そのものは機械が行うが、適切な切削方法の設定は人間の仕事だ。機械のプログラミングから、切削油の選択、また作業環境にも注意を払う必要があるなど、自動旋盤においてもさまざまな知識経験や目配せといった「技」が必要となる。

精度の高い加工というと、1つ2つの少量生産品というイメージがあるが、必ずしもそうではない。旋盤加工に使う刃は、使っているうちに熱を帯びたり削れたりという変化を起こす。そのまま切削を続ければ、加工しはじめとは寸法の異なる製品が出来上がってしまう。中～大量のロットで生産する場合、たとえば1000個なら1個目から1000個目まで品質を同一に保つという、少量品とは全く別のノウハウが必要となるのだ。

CNC複合自動旋盤機

各人にそれぞれの案件を任せる形で仕事を行う同社。工場内では、稼働中の自動旋盤の状況を見たり、加工後の製品を検査したりと、4人それぞれが自分の持ち分を黙々とこなしている。

「適応力」で生き残れ

大量生産を追いかけない

自動旋盤を扱う加工業者は、自動車関係の部品を手がけることがほとんどだが、同社は自動車関係はさほど多くない。現在のメインは空調、医療、弱電関係だというが、そこには必ずしも数を追いかけない経営戦略がある。

大量生産を追求する限り、そこにはコスト問題がつきまとう。30～40年前には、都内から地方へと生産拠点が移っていった。やがて国内ではコストを削れなくなり、海外への進出が始まった。同じ海外でも、中国の人件費が上がれば東南アジアへと、コスト削減を優先してしまうときりがない。自動車やスマートフォンのような数兆円規模という市場の仕事であれば、安定した仕事が供給され、中小企業も助かる部分は大きい。しかし、そうした仕事ほど、コスト叩きがシビアになる。ゆえに地方への展開を余儀なくされたり、設備投資ができなかったりという問題が生じる。

付加価値を追求

同社は、大量生産ではなく、付加価値を追求したモノづくりを重視している。地価も、人件費も、光熱費も高い日本の東京という土地でどう戦うか、東京という地の利は何かを、同氏は常に考えている。

戦後日本の製造業は、アメリカの模倣から始まった。アメリカの技術をうまく応用し、付加価値をプラスして提供することで、大きな成長を遂げた。言うなれば「発明力」ではなく「適応力」が日本の武器であるはず。しかし、生産を外国で行い、コピーのコピーをさせているのが現状だ。これでは、武器を活かせない。東京の地の利は、コストではないはずだ。

経験＋適応力＝付加価値

もともと花札を作っていた任天堂は、やがてファミリーコンピューターを作った。日本板硝子も、祖業のガラス製造を発展させ、光ファイバーを。京セラは、瀬戸物からセラミックへ。足立区にある株式会社ニッピは、牛皮などの革製品を扱っていたが、革をなめしているうちに動物のコラーゲンに着目、化粧品事業に発展させ成長した。

祖業以来の根幹たる技術での知識経験の積み重ねは、誰にも真似できない唯一無二の財産だ。とはいえ、それだけでは、時代の変遷の中で市場が縮小し、立ちいかなくなってしまうことも多い。そこに「適応力」があれば、その技術をずっと続けてきたからこそ為し得た、新たな発展につながる。

「発信力」で技術をアピール

町工場の弱点は「発信力」

葛飾区・墨田区・足立区といった東京東部には今なお2、3千の町工場があるというが、こうした町工場や零細企業に足りないものは、同氏に言わせれば「発信力」だ。

孫請け・ひ孫請けとして、大手から降りてくる仕事を

上：山田氏自身も愛用し、切削加工技術のPRを兼ねて持ち歩いているというキセル『葛飾煙舞』
下：葛飾区産業フェアでは来場した子どもだけでなく、大人たちからも大好評の『どんぐりカプセル』

淡々とこなしている家族経営の工場はもちろんだが、優れた技術を持つ職人でも、自分たちの技術を俯瞰し、長所を把握し差別化を図りという「営業力」や「発信力」を持っていないことが多い。ビジネスでの不利はもちろんだが、高齢化・若者離れや後継者不足に苦しむ中小企業が多いのも、ここに原因がある。技術を継承し、企業を継続させるためにも、必要なのは技術そのものだけではない。

「発信力」を重視する同氏は、これまでさまざまなPRや営業活動に努めてきた。自社の売り物が加工技術しかなく、切削加工は特にアピールしにくい技術だ。展示会で何かの部品を置いておいたところで、インパクトに欠ける。仮にふと足を止めても、旋盤加工業者と分かれば地味に思われ、興味を持ってブースに留まる者はほとんどいない。

そこで、同氏は展示会で目を引くPR品づくりに取り組み始めた。

『葛飾煙舞』

2009年、ある喫煙パイプメーカーとの取引が始まったことをきっかけに、愛煙家でもある同氏は喫煙具の自作を思いつく。試作を繰り返して完成したのが、金属製のパイプ『葛飾煙舞（かつしかえんぶ）』だ。本来、キセルの材料には木や竹を用いるが、葛飾煙舞の吸い口は真鍮、パイプ部分はアルミ製だ。

実は、タバコは煙を冷やすことで味が良くなる。「クールスモーキング」という言葉もあるといい、その意味で究極のタバコは水の中を通して冷却する水タバコなのだ。アルミは木や竹よりも熱伝導が良いため、葛飾煙舞は従来のキセルよりも味の向上に成功。さらに、手入れも格段に楽になる。高級感のあるおしゃれなデザインも売りだ。展示会でも興味を持たれるほか、PRも兼ねて自身で持ち歩き愛用している同氏は、喫煙所で声を掛けられることもあるという。

同社の堂々たる自社製品『葛飾煙舞』はパイプ店やオンラインショッピングで買うことができるが、しばしば在庫切れを起こすほどの人気商品となっている。

『どんぐりカプセル』

同氏の「発信力」が発揮された例はこれだけではない。2014年秋には、葛飾区産業フェアに来場する子どもたちのために、金属製の『どんぐりカプセル』を製作しプレゼント。携帯電話のストラップのようなどんぐり型のアクセサリーだが、ストラップのひも部分を外し、つまようじを差すことでコマに早変わり。子どもを喜ばせるために考えたグッズだったが、産業フェアでは大人たちにも大好評。以来、来場者の気を引くツールとして展示会でも活躍している。

◇

85年間にわたって積み重ねた経験に、4代目が「転換力」「発信力」を付加した同社。経営状況も上向きだという。製造業が元気になれば、日本が元気になる。アルミのパイプをくゆらす同氏の頭脳と行動力に、モノづくり大国復権への期待がかかる。

●プロフィール
やまだ・けんいち氏…1974年東京都葛飾区出身。高校卒業後、有限会社ミツミ製作所に入社。専務取締役。

●有限会社ミツミ製作所
〒124-0012
東京都葛飾区立石2-28-14
TEL 03-3691-7370
http://www.mitsumi-seisakusyo.co.jp/

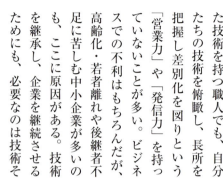

INVENTOR'S EYE

2016/January
No.004
From：山形県発明考案振興会

山形発▶▶▶おとなの発明サークル

雪国の悩み…消雪装置による問題をついに解決！

▶「地下水の処理方法およびその処理装置」特許編

地下水に含まれる鉄分によって褐色に染まる駐車場

山形県日本海側の庄内地方は、交通機関があまり良くなく、それゆえ自家用車保有率が高い地域です。毎年冬は海沿いにあるためか、積雪そのものはほかの地域に比べると少ないのですが、それでも強風に降雪が伴うことが多く、猛吹雪になる場合もあって、やはり除雪が必要になります。道路には除雪機が配備されているためきれいに除雪されますが、問題は個人宅やショップ、病院などの駐車場です。それぞれの管理のもと、1日に2回、3回と雪かきをする日もあり、みんな時間的にも体力的にも大変苦労しています。

そこで登場するのが、消雪装置として地下水を汲み上げパイプで散水する方法。ところがその地下水には鉄分が多く含まれていて、駐車場の舗装面は鉄分と空気中の酸素が結合した酸化鉄化合物で褐色に染まり、水洗いぐらいでは取れない状態になってしまいます。

こうした状態を憂えた山濱敏一さんは、「地下水の処理方法およびその処理装置」を考案し、今からおよそ10年前の平成18年11月に特許出願しました。

鉄分とポリフェノールとの相性の良さを発見！

山濱敏一さんは 昭和7年1月生まれの84歳。鶴岡工業高専教授在職中に鶴岡市産業まつりで山形県発明考案振興会の故・秋山太三郎会長（秋山周三氏の父上）と出会い、現役中に入会されました。実はおとなの発明サークル第一回で紹介した「月山筍」平地栽培特許も発明した山濱さん。特許ホルダーの強者です。

さて今回の発明は、専門分野となる金属と有機物の結合体（錯体）の研究をしていた時に、ヘモグロビンなどに含まれている鉄（Fe）の面白い性質に気がつき、ある種のポリフェノールとの相性が良い事を発見！「これは使える」と持ち前の感性がひらめきました。それからは相性のいいポリフェノール探しと地下水との反応装置の開発の毎日。水の反応前と反応後の変化を分析して最良の組み合わせを探したり、水の汲み上げのどのタイミングでの反応が良いか？など、様々な研究を積み重ねました。

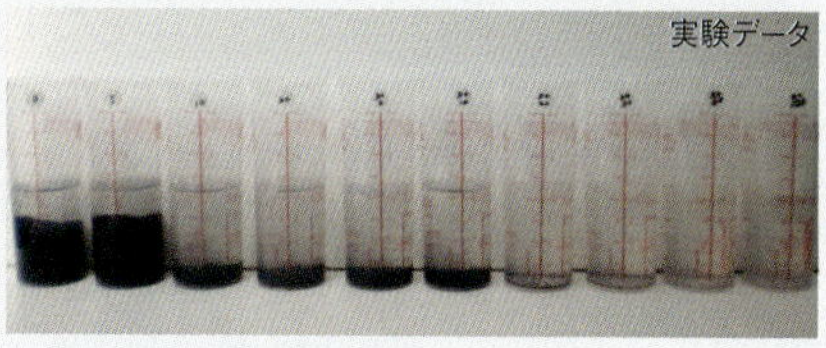

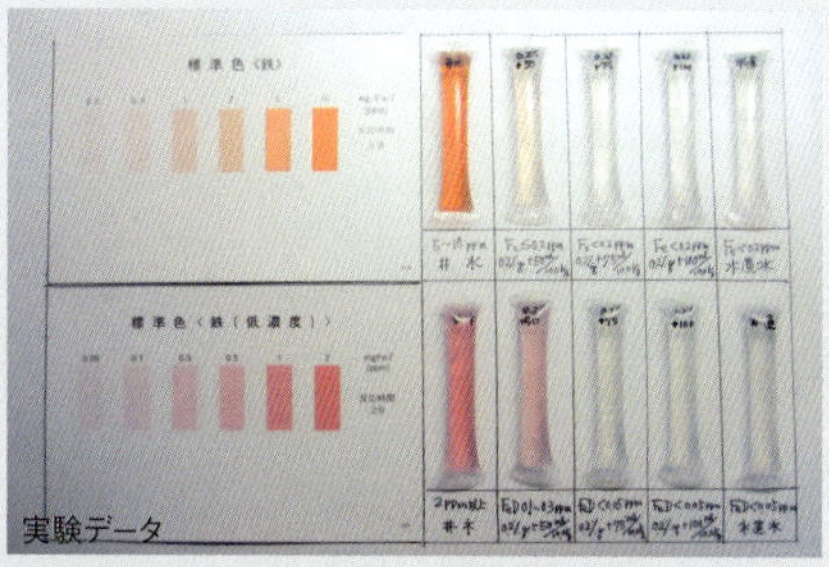

その結果、一定の条件が見つかり特許を出願。平成23年12月22日に 特許第4892318号登録の運びとなりました。この発明は消雪用水に活かされるだけではありません。ほかにガーデニング用、農業用、地下水も思わしくない場所でのハウス栽培、洗車用など様々な用途への応用が考えられます。この技術で地下水の旨みが増せば、「東北の小灘」とまで称された酒のまち鶴岡市大山地区の日本酒も、もっともっと美味しくなるかも知れません。

鶴岡少年少女発明クラブNEWS

先日審査が行われた「第12回山形県未来の科学の夢 絵画展」（主催 一般社団法人 山形県発明協会）。当クラブから希望者4名の応募があり、5年の部 最優秀賞に國井倫太郎君の「楽々お風呂タイム」が輝きました。おめでとうございます！

この作品は次の全国展に送られます。

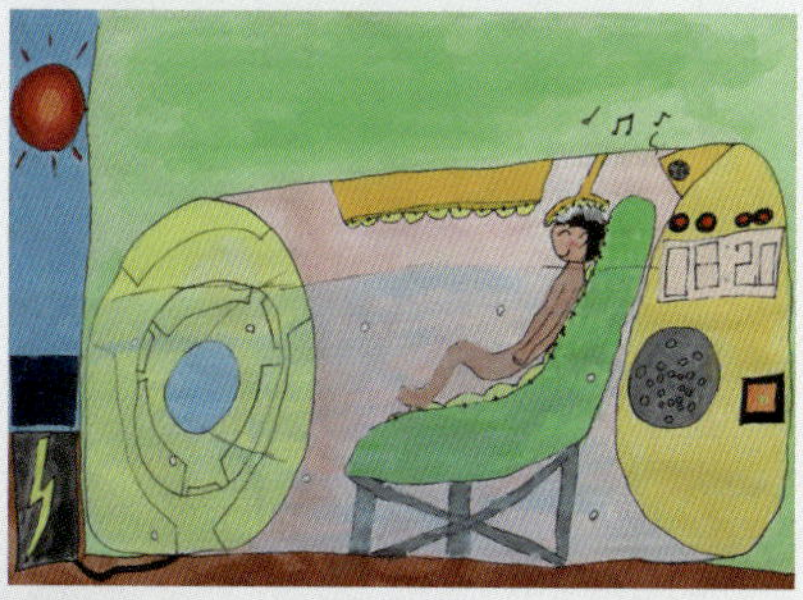

今月の発明家の言葉
～Inventor's Voice～

人間のやったことは、
人間がやれることの100分の1にすぎない。

豊田佐吉（とよた・さきち）…トヨタ自動車をはじめ、トヨタグループの創業者。日本初の木製動力織機や自動織機、独創的な環状織機などを発明し、日本の機械産業の発展・近代化に貢献した。

カイシャの病院・ソルナ株式会社

Karte. 07

ペヤング事件が社会問題に… 異物混入問題の現在

異物混入が社会問題になる

人が原料を作って運搬し、製造し、売っていく中で、異物が入るのをゼロにすることは不可能です。ただし、それを売る企業はできるだけゼロに近づけるよう努力し続けています。

それでも異物混入は起きてしまうことがあります。その場合、メーカーは速やかに調査を行い消費者にはしかるべき謝罪と対応をし、再びの混入を防ぐための対応策を実施する、といったごく当然な流れが、今まではありました。

しかし、ここ数年、異物混入問題は誰も予想していなかった展開をみせるようになってきました。

たとえ企業が今まで通りの異物混入への対応をしていても、今では一歩間違えば社会問題へと発展し、企業の信用を著しく損ね、大きなダメージを負ってしまう可能性があるのです。

そんな、現在進行形の異物混入問題の紹介と対策について考えていきます。

ペヤング異物混入事件

現在、ニュースになる異物混入だけでも実は毎月何件も起こっています。大きな被害を出した場合を除き、ほとんどの場合は大きな騒ぎにはならずに収束しています。

しかし、異物混入による重大な事故が起こったわけではないのに、社会問題になるようなケースが出てきたのです。

それは、消費者がＴｗｉｔｔｅｒやＦａｃｅｂｏｏｋなどのＳＮＳに投稿し、異物混入が広まった場合です。実際に社会問題となった有名な異物混入問題を紹介します。

２０１４年12月2日、食べようとしたカップ焼きそば「ペヤング」の中に虫が混入していた為、その画像と共にＴｗｉｔｔｅｒに投稿しました。

翌日からペヤングの製造元であるまるか食品と保健所が対応を開始しましたが、投稿された写真のセンセーショナルな印象もあり、この内容はインターネットを中心にまたたく間に拡散。２日後にはＹａｈｏｏ!トップに掲載され、まるか食品のホームページがアクセス集中で閲覧不能となる事態にまでなってしまいます。

まるか食品は、対応を二転三転させた後、工場で生産された製品の全てを回収し、なおかつ状況が改善されるまで工場を停止させることを決定しました。

拡散、炎上した理由

ペヤングの異物混入問題は、調査の結果製造工場で異物混入する可能性が有る環境だったということなので、その点については食品を扱う企業として認識が甘く、批判されてしかるべきでした。

しかし、亡くなった方が出たわけでもなく、怪我をしたという事も無かったにも関わらずこれだけの騒ぎになってしまった理由はどこにあるのでしょうか。

それは、まるか食品が、ＳＮＳによる拡散するスピードに対する意識、対応によって炎上してしまうことの意識が低かったと言わざるをえないでしょう。実は、この異物混入問題の投稿者は自身のＴｗｉｔｔｅｒで、投稿から２日後に、まるか食品からの誠意ある謝罪に対して納得したという投稿をしているのです。

しかし、この時すでに騒動は投稿者の手を遠く離れ、今さら投稿者の発言など誰も気付かない状態でした。こうなってしまった原因は、まるか食品の対応のまずさにありました。

大きく分けると、「調査が不十分な状態で、断定的な発言をしてしまった」「対応が後手後手にまわってしまい、責任逃れのためのポーズだと捉えられてしまった」ということになると思われます。

ＳＮＳによるとてつもないスピードで騒動が広がる中、さらに対応内容によって炎上を起こしてしまい、ここまでの事態になってしまったのです。

では、一体どうすればここまでの騒動にならなかったのか？

ＳＮＳの投稿がきっかけとなった問題で、騒動になる前に

（写真はイメージ）

収束させた事例からそのヒントを探ってみたいと思います。

対応の成功例

2013年6月11日、こちらも同じように一人の消費者が菓子のチロルチョコを食べようとしたところ、チョコの中に芋虫が混入していたという内容をＴｗｉｔｔｅｒに画像付きで投稿しました。こちらの内容もＳＮＳでまたたく間に拡散する、と思われましたが、チロルチョコ側はこの投稿の3時間後に同社のＴｗｉｔｔｅｒ公式アカウントから正式な見解を投稿しました。その内容は非常に簡潔で、かつ冷静でした。

「投稿された異物混入の写真から、混入していた芋虫は生後30～40日と推定され、商品は最終出荷が半年前のものであり、商品が製造された段階では芋虫は混入したとは考え難い」という内容でした。

また、その伝え方も製造者に非が有る無しには言及せず、また投稿者に非を求めることもせず見解内容を伝え、さらに考えられる原因として、チョコレート菓子は置いておくと虫が寄ってくることが多いという日本チョコレート・ココア協会のサイトにある「よくある問い合わせ」を紹介することで間接的に伝え、最後にお詫びの一文を入れる、という形でした。

この理論的な内容と、誰も不快にさせない言い方で風向きが変わり、チロルチョコ側を擁護する投稿が相次ぎ、騒動はこれ以上大きくなることはありませんでした。

異物混入の発生は、様々な状況があるので全てを同じように対応するというわけにはいきませんが、対応の姿勢や意識の高さには学ぶべきものがあります。

炎上対策のポイント

成功例から考えられる、ポイントの一つに「スピード」があります。

実は、前述のまるか食品の異物混入時とほぼ同時期に、日清食品冷凍でも同じようにゴキブリとみられる虫の一部が商品の中に混入していたことが消費者からの指摘で分かったという発表をしています。きっかけがＳＮＳによる投稿ではないので単純に比較できませんが、日清食品冷凍ではこの最初の発表時ですでに、調査の結果製造過程で混入した可能性があるとして、指摘された商品の製造日以外にも、同じラインを使用して同月中に製造されたものを全て回収すると発表しました。

こうした素早い対応もあり、異物混入自体の内容はほぼ同じにかかわらず驚くほど騒動になりませんでした。また、チロルチョコの例では、ＳＮＳによる投稿にはＳＮＳで対応した、というのも成功した要素の一つとみられます。チロルチョコのＴｗｉｔｔｅｒ公式アカウントではすでに1万人のフォロワーがおり、その中には、その企業に大きな好意をもっている「ロイヤルカスタマー」が多くいたとみられ、すでにお伝えしたような適切な対応を取ったことでその内容を見たロイヤルカスタマー達が好意的な投稿をし、全体に好意的な意見が多くなったそのきっかけを作ったと考えられています。

いずれの対策も、今日明日で簡単にできるものではありませんが、こうしたＳＮＳをきっかけにした異物混入問題は、ＳＮＳが生活の中であたり前になってきたここ数年から増えてきており、現在進行形の問題です。いつ、どのような形でその当事者となるかは分かりません。

「神対応」と言われるような、ピンチをチャンスに変えられるような対応ができるかどうかは今日からの一日一日にかかっているといえるでしょう。

太陽と月をモチーフにしたソルナ㈱のロゴ（上）と、本社エントランス（下）

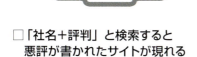

超訳『社会人基礎力』 Vol.08

『海外生活経験者』というブランド人材活用のススメ

～“超・採用難時代”を迎えるこれからの人材育成と人材採用を考える～

2005年経済産業省（以下、経産省）において、官僚・学者・企業人事の方々が議論し、定義されていった『社会人基礎力』（=組織や地域社会の中で多様な人々とともに仕事を行っていく上で必要な基礎的な能力）。

10年経った現在、「これからの日本にとって12の社会人基礎力はどんな意味をもつのか?」、そして「12の社会人基礎力を身に付けるためにはどうしたらいいのか?」について、海外生活に挑戦する日本の若者のキャリア支援を、起業以来8年間でのべ29,000人超に提供してきた株式会社エストレリータ代表の私、鈴木信之が、改めて、この『社会人基礎力』の超訳（再定義）に挑んでみたいと思います。

企業経営者の皆さまには人材育成や人材採用の観点から、そして、子を持つ1人の親としてはご自身のご子息・ご令嬢への教育の観点から、“これから”を考える1つの契機としていただければ幸いです。

【第8回】 傾聴力

今回は第8回目。『傾聴力』について考えていきたいと思います。

『傾聴力』：相手の意見を丁寧に聴く力（経産省の定義）

今、3つの大きな社会変化により、このチカラの必要性が非常に高まっています。

1つ目は顧客ニーズの多様化。大量に生産された同じモノを皆が消費する時代から、細分化された好みに合わせて消費する時代に変わったことにより、顧客の声に対する深い傾聴がなければ、売れるモノを創れないようになっています。

2つ目はイノベーションの要請。現在の顕在化している問題・課題だけではなく、潜在的なニーズにまで耳を傾けなければ、ゼロベースのイノベーションは起こり得ません。

3つ目は多様な人々との協働。文化的背景も価値観も全く異なる人達との関わりが増えてくると、これまでの〝お互いに何となく分かりあえている〟という甘えが通用せず、これまで以上に〝聴く〟ことが大切になっています。

しかし実際の日本に目を移すと、以下のような社会的状況がこのチカラの獲得を阻んでいます。

まず、核家族化が進むことにより、世代間コミュニケーションが不足し、価値観ギャップを埋めるための機会も乏しくなっています。さらに、他者への興味の希薄化が、聴くこと自体へのモチベーションを低下させています。そして、過度な合理化の進展により、一見無駄に見えるが実は重要なコミュニケーションまで省かれてしまう傾向があります。

そんな中で私たちが傾聴力を身に付けていくためには、次の6つに気をつけなければなりません。

1つ目は、100%聴くことにコミットすること。

頭の良い皆さんは相手の話を最後まで聴かなくても、先が見えてしまいます。そうすると話の途中でも、相手に打ち返す玉（=言い返す言葉）を自分の口というピストルに込めています。子供との会話を考えれば分かりますよね。子供が言い終わらないうちに遮り、『そうはいうけど、お父さんの若い頃はなぁ…』と始めてしまったこと、少なくないと思います。「この人に1言うと、10言い返される」と思っていたら、相手は話したくなくなるのは当然です。

2つ目は、分かった気になりやすい自分を出さないこと。

自分が経験している年齢、性別や仕事は、自分の人生との照らし合わせをして、勝手に分かった気になりやすいものです。先入観を持たずに、どんな相手も常に自分にとっての〝未体験ゾーン〟と捉えることが大事です。傾聴に〝比較〟や〝評価〟を持ち込まないことです。自分と同じというのも、自分と違うというのも、比較や評価の一部です。相手は相手のモノサシの中で生きていることを受容し、そこに自分のモノサシを登場させないことにより、相手が話しやすい雰囲気が醸成されていきます。これこそ聴く〝場〟の準備なのです。

3つ目は、共感しながら聴こうとすること。

相手は今、「何をどうだ」と感じているんだろうと、感情移入をしながら、相手が見ている風景を想像しながら、共感して聴くことが大事です。その姿勢は相手に伝わり、この人に話したいという気持ちを引き起こします。

社会人基礎力

◉前に踏み出す力
- 主体性
- 働きかけ力
- 実行力

◉考え抜く力
- 課題発見力
- 計画力
- 創造力

◉チームで働く力
- 発信力
- 傾聴力
- 柔軟性
- 情況把握力
- 規律性
- ストレスコントロール力

「社会人基礎力」は、これら3つの能力（12の能力要素）から成る。

ただし、共感と同感・同情は異なります。前述の通り、同感・同情も評価の一部です。「私もそう思います」と同感するのではなく、「あなたは今こう思っているんですね？」ということを確認しながら聴くことです。似てはいますが全く異なるものです。

4つ目は、自分の〝歪（ゆが）み〟を自覚すること。

人は誰でも〝歪み〟〝ズレ〟を持っています。これまで長年〝自分〟をやってきているので、〝歪み〟〝ズレ〟をゼロにすることはできません。例えば、自分に不足している能力やスキルを沢山持っている相手を過大評価してしまう〝歪み〟や、「そんなスキルや能力は必要ないから自分は身につけないだけだ」と相手を過小評価してしまう〝ズレ〟を、私達は多かれ少なかれ抱えています。聴くときにこの〝歪み〟を自覚しながら臨むことが大事です。自覚することで初めて、真っ直ぐ相手のことを〝聴く〟ことができるからです。

長崎国際大学にて行った保護者向けのグローバル人材育成の講演

5つ目は、相手や相手の気持ちに興味を持つこと。

私達には、この人の話だったら朝までも聴いていたいと思える相手もいる一方で、コイツの話は1秒たりとも聴いていたくないと思う相手もいます。傾聴力は一定ではなく、相手（への興味）によって変化するものなのです。もし相手に話して欲しいと望むのであれば、相手に対して、相手の気持ちに対して、最大限の興味を持って対峙することが大事です。これは3つ目の共感にも通ずる姿勢です。

最後は、自分の側に余裕があること。

相手の話を聴ける時というのは、自分の気持ちに余裕がある時に他なりません。余裕が無くなれば、音として〝聞〟こえていても、相手の（心の）声として〝聴〟くことはできなくなります。相手は全身を使って、あなたに何かを伝えてきます。それに対し、あなたも心に余裕を持って全身で受け止める準備を完了している必要があるのです。

『海外生活経験者』たちは渡航中、〝何となく分かる〟という環境から飛び出し、〝言わなければ分からない〟〝聴かなければ分からない〟世界に飛び込んでいます。私達は、彼らの『発信力』に注目しがちですが、実は『傾聴力』がなければ生活できない場所で生きてきているので、このチカラも着実に習得しています。

とかく私達は、人材採用のグループワークなどで、聴きやすい雰囲気を創っている人より、沢山の発言をしている人の方を高評価しがちです。ですが、〝聴く〟ことに基づいた〝発信〟でなければ、本当に有益なものにはなり得ません。

企業人事としては『海外生活経験者』たちを、沢山の価値観の違いを〝聴く〟経験をした『傾聴力』ある人材として、高く評価してみてはいかがでしょうか。

そして1人の親としては、どんな違いを持った友人・同僚・顧客とも信頼関係を築いていけるような『傾聴力』を習得する機会を、ご子息・ご令嬢に贈ってあげてはいかがでしょうか。〝分かった気になってしまう〟この日本から一度飛び出させてあげることで。

◉超訳『社会人基礎力』その8：傾聴力

打ち返す気持ちを捨てて、〝耳〟で聴く

ノンバーバルからの情報も逃さないよう、〝目〟で聴く

相手への興味と共感を持って、〝心〟で聴く

この3つの〝聴く〟により

相手が話しやすい雰囲気を醸成することができること

株式会社エストレリータ
代表取締役社長
鈴木 信之

●プロフィール／すずき・のぶゆき
1972年9月6日生まれ。慶應義塾大学経済学部卒。中学受験の老舗企業「四谷大塚」で講師人事・企画を担当。次に当時〝世界のBig5〟と言われたデロイトトーマツコンサルティング（現アビームコンサルティング）に入社。HRコンサルタントとして、吸収合併した会社の事業再生や子会社の人事部長として実績をあげる。その後、パソナグループの子会社パソナテックに入社。人事統括や企画責任者を歴任。大手企業の採用コンサルティングや大学でのキャリアセミナー講師を担当。2007年7月に人事コンサルティング企業エストレリータ設立。企業での研修・セミナーや大学などでの講演は年間200本超。日本に99名しかいない国家資格・一級キャリアコンサルティング技能士の1人（2015年5月現在）。

●株式会社エストレリータ
〒164-0003 東京都中野区東中野3-8-2 矢島ビル4F
TEL 03-5348-1720
http://www.estrellita.co.jp
http://www.kaigaiseikatsu-supli.jp
https://www.est-navi.jp/

株式会社フェニックスソリューション
代表取締役社長
金岡久夫氏
取締役副社長
和田康志氏

Ps

物流業などで広く使われるRFID電子タグ※は、金属や水分の近くでは使用できない問題点があった。世界で唯一これをクリアし、従来にない極小チップも開発する石川県金沢市の「株式会社フェニックスソリューション」。
外資系大手資産運用会社で活躍してきた経歴を持つ副社長、和田康志氏にお話を伺った。

※RFIDとは：
ID情報が埋め込まれたRFIDタグと呼ばれる媒体のデータを、電波を用いて非接触で読み書きする電子認識システムのこと

電子タグ」で世界を席巻だ！

取締役副社長
和田康志氏

◎和田氏と同社のあゆみ

外資系大手資産運用会社を渡り歩いた経歴

１９６６年生まれ、この10月に49歳を迎えた同氏。慶應義塾大学商学部を卒業後、安田信託銀行、モルガン・スタンレー、メリルリンチ、UBS、ゴールドマン・サックスを経てイーストスプリング・インベストメンツ代表取締役社長と、外資系大手資産運用会社で商品開発・営業に長年従事。世界初、日本初となる新商品を多数開発し、累計で２兆円を超す預かり資産を獲得。世界最大の公的年金であるGPIF（年金積立金管理運用独立行政法人）から、機関投資家営業部を立ち上げわずか一年足らずで、海外在住の外国人運用者による初の日本株式アクティブ運用を受託するなど、華々しい業績を残してきた。

そんな同氏が、石川県金沢市のベンチャー企業の営業に奮闘している。一体何が同氏ほどの経歴の持ち主をその気にさせたのだろうか。

RFIDにおける世界唯一の技術

同社の製品は「RFID」と呼ばれる電子タグだ。電子情報を「ピッ」と読み取り、書き込む技術、SuicaやPASMOのようなICカード（チップ）が、数メートル先からでも読み取れるものとイメージするとわかりやすい。

従来のRFIDは金属や水分の近くでは読み取れず、また、その大きさから極小部位での使用も困難であった。これを世界で唯一クリアしようと試みるのが同社だ。

もともと、同社の技術担当取締役の杉村詩朗氏が別の会社で開発していたこの技術。マレーシア政府や日立製作所、サムスン電子などを顧客とし、RFIDとアンテナ技術を提供していた。マレーシアのマハティール首相（当時）が同社と会うため、小松空港にプライベートジェットで下りたち、国家プロジェクトとして提携したという逸話もあることから、世界的にも稀な技術と頷ける。

立ち上げ時点で最強のベンチャー企業

技術力はあっても、経営や営業展開に困難を抱えることは、中小企業でよくあることだ。マレーシア政府や名だたる大企業に技術を提供した前会社も、その後の事業で行き詰まることに。このとき手を差し伸べたのが同氏だ。縁あって出会ったこの技術に、同氏は大きな可能性を感じたのだ。

救世主はもう一人いた。地元金沢で建設業、公共事業施行、不動産など複数企業を経営する実業家の金岡久夫氏だ。現在75歳の金岡氏。自らも起業家として数社を築いたが、同社の技術に惚れ込み、事業支援、資金提供に名乗りを挙げた。

こうして２０１４年に株式会社フェニックスソリューションが創立。立ち上げ時点で、世界唯一の技術を持ち、強力な地元の支援、世界レベルの営業力を持つベンチャー企業が誕生したのだ。

◎世界唯一のRFID技術、その活用例

物流で広く利用されている「RFID」金属や水分の近くでも使用可能

タグをリーダーから読み取るRFID。無線電波を利用するため、距離があっても読み取れる上、複数のタグを一度に読み取れ、上書きもできる。RFIDは、物流の世界ではすでに広く普及している技術だ。

そして同社のRFIDは、世

界で唯一、金属や水分の近くでも高い精度で読み取れる。用途は限りなく幅広い。

　物流の現場であれば、金属製カゴ車やパレットの管理に使える。パレットは、プラスチック製か木製が多いが、重量のある荷物や、海外行きの荷物など、特殊なニーズのある荷物は金属製を使う。金属製カゴ車やパレット用のＲＦＩＤ開発は、多くのタグ・メーカーが苦戦しており、同社の技術が市場を席巻できる可能性がある。

　そもそも金属を介して読み取れないのは、金属が電波を跳ね返してしまうからだ。金属の裏側に貼り付けたタグはまず読めない。しかし同社の技術なら、金属の裏側や内側にあっても読める。例えばマンホールの裏側に貼り付けたＩＣタグを、路上の腰の高さから読んでしまうというから驚きだ。現状は、手作業でマンホールを一枚ずつ開けて確認しているため、時間と労力を大きく削減できる。

　自転車の管理にも使える。一台一台にタグを埋め込めば、盗難防止や、放置自転車対策に役立つ。放置自転車の処理には莫大な行政費用、手間暇がかかっている。タグを車体に埋め込んで管理すれば、これらのコストが大きく削減される。警察官による防犯登録チェックの効率改善も期待される。

これまでにない「RFID

【金属製資材の管理】
従来難しいとされてきた、金属製カゴ車、鋼板、ガスボンベなどの複数一括管理が可能となる。

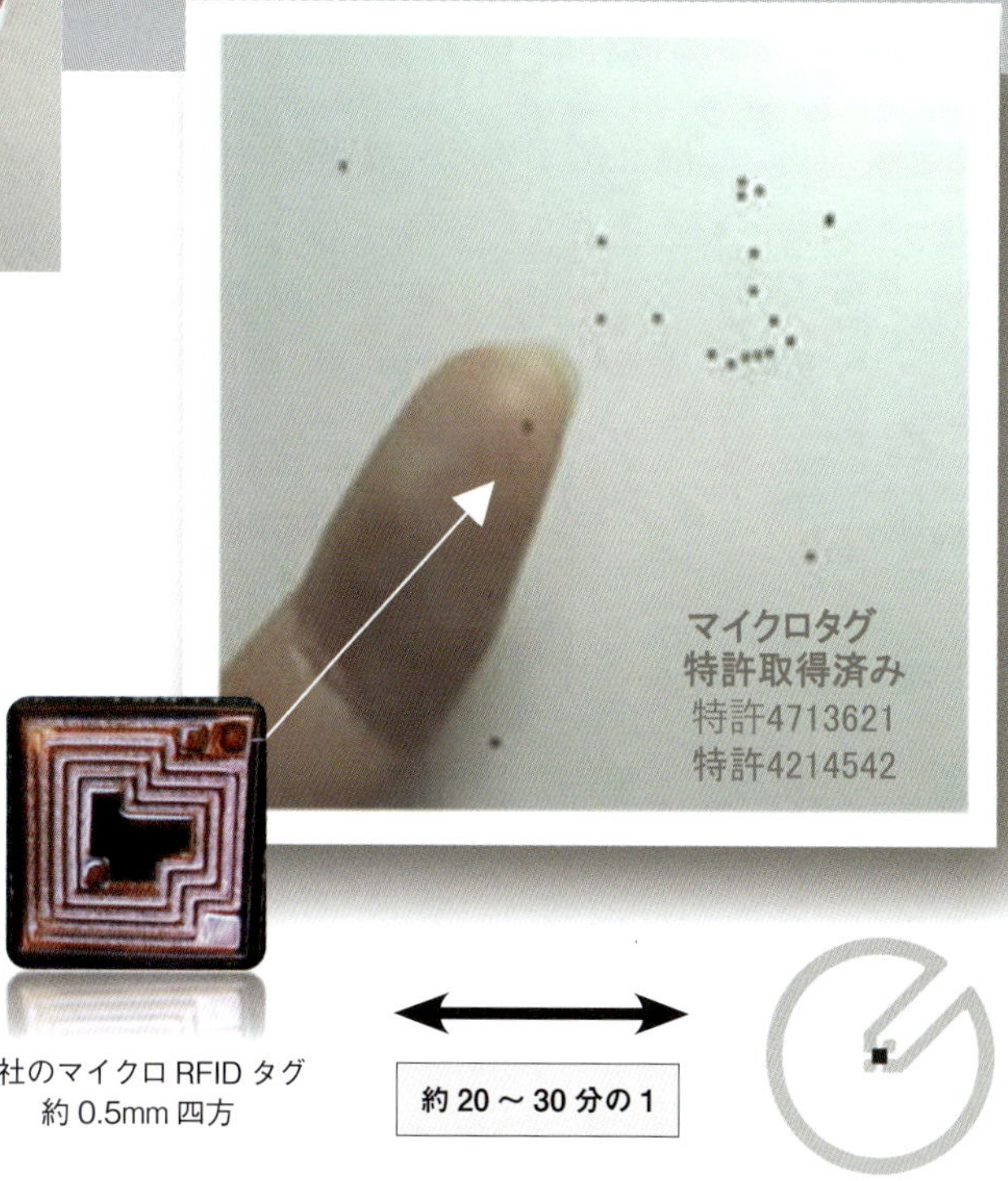

同社のマイクロ RFID タグ
約0.5mm四方

一般的な RFID タグ
10～15mm

　コンクリートに埋め込むことで、竣工後のコンクリ個体の中長期的な個体管理にも利用できるし、路面アスファルト下に埋め込んで上下水道の埋設箇所の管理に利用することもできる。トンネル内の天井やインフラ資材のボルトの締め漏れ、締め忘れ防止などには、チェックの済んだものを「ピッピッピッ」と電子管理することで、チェック漏れなどのヒューマンエラーを防げる。すべてのモノがコンピューターとつながるＩｏＴ（Internet of Things）の好事例だ。

　金属製の産業用・医療用ボンベの個体管理にも利用可能だ。入出荷時に複数のボンベを一括で読み取れるし、ボンベ個体の経年、履歴を電子管理することで、破裂や爆発事故のリスクを低減させることが期待される。

■マンホール裏側に貼付したタグを、地上から、マンホールを閉めたままで、読み書き可能。

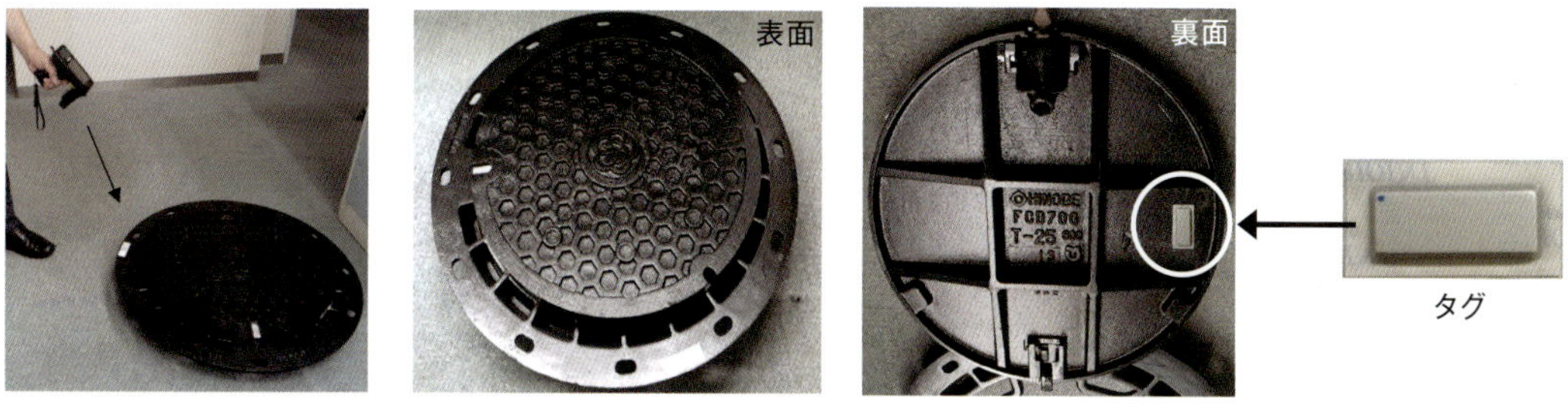

【金属表面、裏面でも、卓越した読み取り性能を発揮】

一般的な RFID の弱みである、金属面での読取書込に威力を発揮。
金属面裏側のタグも、表面から読み取りができる（他社製品ではほとんど不可能）

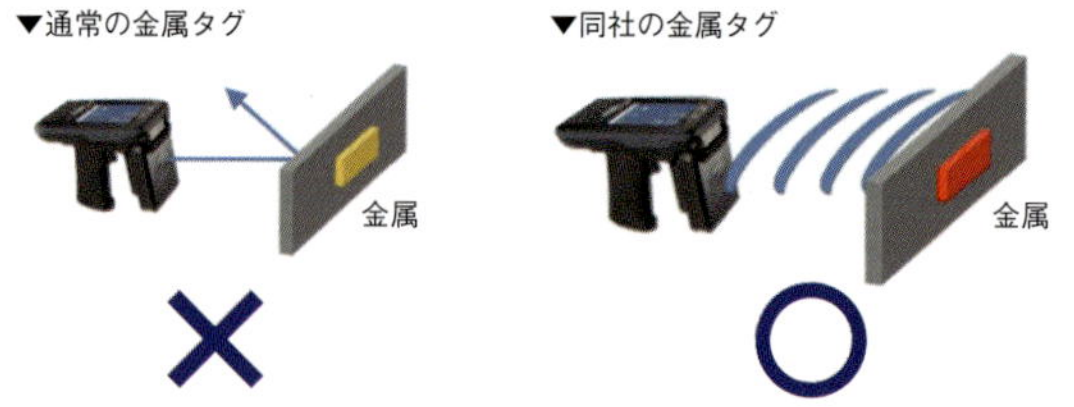

製鉄所の鋼板や、リース会社のリース資産（例えば選挙事務所の折り畳み机・椅子、あるいは建設現場向けの各種リース資産など）など、金属製品に貼り付けても、複数の資材を一度の読み取りで管理できる。人間がひとつひとつ数える必要もなく、人手による間違いも減らせる。入出荷管理や棚卸の時間、人件費、間違い防止の効率が一気に改善する。

水分は電波を吸収してしまうため、通常のＲＦＩＤタグは水分の近くで使えないが、同社の技術ならこれも可能となる。人体の約60％は水分。水分の近くで使えるということは、人体の近くでも使えるということだ。入院患者や認知症患者にリストバンドをつけてもらい、医療過誤、徘徊を未然に防げる。企業の社員証も、ストラップで首からぶら下げたまま、リーダーに直接かざさなくても利用できるし、ドアを通過した入退室者全員の履歴も管理できる（現在の普及システムでは、同時に入退室した同伴者の入退室履歴管理はできていない）。応用事例として、畜産用の豚や牛の耳に取り付けるＲＦＩＤも開発中だ。飼育段階での個体管理を向上させ、生産効率改善、品質向上に役立ちたいと考えている。

0・5㎜の極小チップ

0・5㎜四方の極小チップも、世界唯一の技術だ。この極小チップも用途は幅広い。

歯科インプラントに埋め込めば、カルテ代わりにインプラントの個体情報や治療履歴を上書きできる。インプラント向け極小タグの開発は、海外の大学から依頼されたもので、歯科インプラントにＲＦＩＤ管理を用いること自体は既にイタリアで特許申請されている。

その極小さゆえに、タグを真贋鑑定にも使える。例えばダイヤモンドの真贋鑑定、金庫とショーケース間の日々の移動の際の在庫確認、棚卸管理にも使える。カジノでは、高額チップの偽造防止に、紙幣や機密書類に擦り込めば、透かしやホノグラムに代わる偽造防止技術になる。試験管やシャーレの底に貼り付けて、研究過程・成果を一括／個別管理することも可能になるなど、医療メディカル分野にも応用が可能だ。

◎フェニックス離陸前夜

立ち上げから1年半、順調な推移

金融業界で20年以上にわたって世界を飛び回り実績を築いた同氏には、以前から、実業界で「日本の高度なモノづくり」、「ニッチトップ技術」、「ベンチャー企業」で腕を奮いたいという思いがあった。同社の技術に惚れ込み、ついに転身した。

同氏は、経営者として金岡氏を非常に尊敬している。外資金融で偉業を遂げてきた同氏の目にも、金岡氏の判断、発想は「本当に鋭い」と驚かされるという。そんな金岡氏から「この事業に惚れ込んだ。面倒を見る。営業戦略を引っ張ってくれないか」、そう託された。ビジネス戦略、新規事業の立ち上げ、営業展開や交渉ごとには自負も実績もある。

金岡氏・和田氏の二人三脚で、杉村氏の技術を再び世に知らしめるべく走り出した同社。金岡氏は75歳、杉村氏は68歳。同氏はふた回りほど年上のメンバーと年の差を超え、日々アクティブに動いている。

「半年後が楽しみ」

昨年11月には立ち上げ1年目にして石川県の「革新的ベンチャービジネスプラン コンテスト」で最優秀起業家賞を受賞、今年10月には石川県の産業活性化資源活用ファンド（活性化ファンド）の支援対象にも採択され、石川県からのサポートも得ている。グループの金剛建設は、昨年経済産業省より「がんばる中小企業300社」に選ばれている。

今年度下期には、大企業との量産案件も複数抱えている。これらが実際に世にでれば、国内業界どころか世界市場を相手に一気に日本の技術力をアピールできる。同氏は「これから半年、非常に楽しみです」と目を輝かせる。

世界に誇れるモノづくりの技術を持ちながら、経営や営業展開、事業承継に苦しむ中小企業は多い。68歳のベテラン技術者、その夢の実現を、49歳の敏腕外資金融マンが請け負った。フィクションのように胸のすく現実を、もうすぐ見られそうだ。飛翔するフェニックスソリューションに、日本の未来を重ねたい。

◉プロフィール
わだ・こうじ氏
1966年生まれ。
1992年、慶應義塾大学商学部卒業、安田信託銀行入社。その後、モルガン・スタンレー、メリルリンチ、UBS、ゴールドマン・サックス等の外資系大手資産運用会社で営業部長、役員を歴任。2013年、英国プルーデンシャルグループのイーストスプリング・インベストメンツ株式会社 代表取締役社長。2015年、フェニックスソリューション取締役副社長。

◉株式会社
フェニックスソリューション
〒920-0377
石川県金沢市打木町東
1414番地
TEL 076（256）2811
http://phoenix-sol.co.jp/

★同社の金属タグの性能が、HP上の動画で見ることができます。

自動認識総合展 2015 レポート

▲写真右
株式会社フェニックスソリューション
代表取締役社長 金岡久夫氏

◉フェニックスソリューションの RFID タグ その稀少性

去る 9/16（水）～ 18（金）の 3 日間に渡って東京ビッグサイトで開催され、延べ 63,000 名を超える来場者で賑わった「自動認識展 2015」。小誌はその初日に業界が注目する「株式会社フェニックスソリューション」の RFID タグについて、同社のクライアント企業からコメントをいただいた。

マーストーケン出展物

マーストーケンブース

春山安成氏

株式会社
マーストーケンソリューション
取締役会長　春山 安成氏

夢のような技術ですので、初めは信じられませんでした。この目で見て、さらに弊社独自でも実験を行い、ようやく確信しました。それほどの技術です。隣のタグを読まないようにする技術、逆に一度に大量に読む技術。それから、動いている商品のタグを間違いなく読む技術。これらは他社にありませんから、物流の現場などで潜在的ニーズは非常に多いと思います。また、フェニックスソリューション社は要望に対してスピーディかつ具体的に、技術的なアドバイスやご提案を下さるので大変助かっています。

SAG 株式会社（台湾）
セールスディレクター
辛 明治氏

弊社は設立から16年、毎年ヨーロッパやアメリカで今回のような展示会に出展し、世界最先端の製品を目にします。しかし今まで、フェニックスソリューション社と同じような技術や製品は見たことがありません。素晴らしい技術だと思います。現在、同社との取引はOEMのみの関係ですが、今後は弊社の欧米のクライアントに、フェニックスソリューション社の製品を紹介していければと思っています。

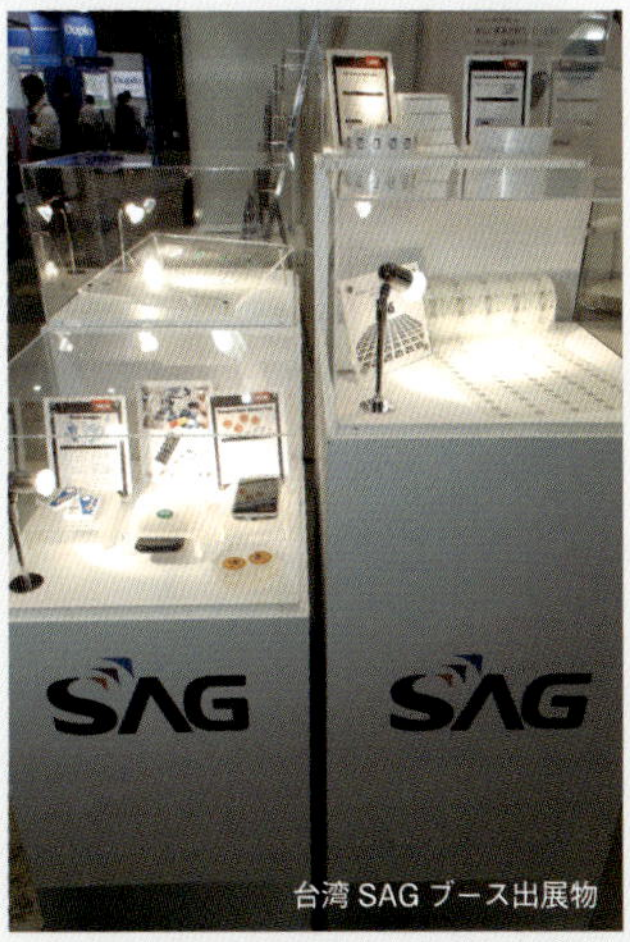

台湾 SAG ブース出展物

台湾 SAG ブース視察

辛明治氏

世界唯一のRFIDタグでIoTに大きな布石を！

大日本印刷株式会社
情報ソリューション事業部
第2技術本部 ソリューション開発センター
第2グループ／田島 功氏
第3グループ／日永田 俊和氏

田島 功氏

金属を介しても読み取れる世界唯一の技術で注目される株式会社フェニックスソリューションは、世界最大規模の総合印刷会社である大日本印刷株式会社と共同で新製品を開発、リリースした。大日本印刷の担当者を招き、開発の経緯、今後の構想についてお聞きした。

フェニックスソリューションさんのRFIDタグは読み取りが非常に良く、弊社のお客様もみなさん大変驚かれます。お客様の現場で実証デモをすると、これはすごい、導入を検討しようと前向きに考えていただく事例が続出しています。業界の常識を塗り替えるような技術と言えると思います。

同社には、技術的にハードルが高いもの、従来のタグでは実現できなかったような性能を開発依頼していければと思います。今までにない技術で、世の中をより便利にしていきたいですね。将来的にはコンシューマーにも広めていければと思います。

弊社としては、金属製対象物の管理に利用するご提案から始めたいと思っています。たとえば金属を使った、あるいは金属カゴなどに囲まれて配置された資材（建設資材、部品やレンタルリース資材）の物品管理をするときに100～200個単位のロットを一括で読むことができればとても便利です。今は1つずつ手作業で行っていますから。

日永田 俊和氏

金属を使ったものすべてに活用できる技術ですので、可能性を挙げればきりがありません。様々な業界にお話を持っていける技術です。さらに、金属物を足掛かりにして、自然と金属物以外への活用のお話も広がってくるものと思っています。大量な数を一括で正確に読み取れますので、金属に限らずニーズはあると思います。たとえば、プラスチックなら物流現場のパレットや折り畳みコンテナ、医療用のシャーレなど、数量が多いものの管理には何でも使えます。それから、人体そばでも読み取れる点も大きな特長ですね。

様々な産業にこの技術が行き渡り、今まで大勢の人手作業で行っていたことが、一人であっという間にできてしまうようになれば、その分のマンパワーを他のことに使えます。機械化によって単純作業が減り、生産効率が上がれば世界と戦えるようになります。一方で、今後人口は減っていくわけですから、人間には付加価値のある仕事だけが残っていくでしょう。

弊社は、企業規模に関わらず、良い技術があれば一緒にやっていきましょうというスタンスです。すでにメールなどの窓口は広く設けています。弊社にお声掛けいただけるような技術がありましたら、是非ともご連絡をいただければと思っております。

中小物流企業の道は、小さな企業の「困りごと」解決にあり！
起業家の若者たちと共に未来を開く

グロリアス・ジャパン株式会社／代表取締役社長　**金井田 平氏**

企業の子会社から転身、長野・関東圏に9つの物流センターを持ち、3PL事業を中心に倉庫、引越し、コンサルティングなど幅広い物流関連事業を展開するグロリアス・ジャパン株式会社。大手・中小企業を顧客層の中心として事業拡大路線を進んできた同社だが、2016年度に向けて小規模企業に注目した新しい路線を打ち出そうとしている。その挑戦について2代目社長・金井田平氏に話を聞いた。

子会社から転身、3PL中心の物流企業へ

同社の前身は、1968年に設立された日本電熱株式会社の子会社・日本電熱運輸株式会社だ。もともと親会社の作るホットカーペットやヒーターなどの暖房器具、水道凍結防止帯といった製品の物流を担当してきた会社で、1998年に同じく子会社の日本電熱サービス株式会社、日本縫工株式会社と合併してニチネツ物流サービス株式会社となった後もその業務内容は変わりなく、親会社と共に歩みを進めてきた。

しかし2000年代半ば、輸入品の増加からくる価格競争の激化を背景に親会社が経営戦略を見直したことから、同社のあり方・業務内容も大幅に変更をせまられる。親企業の傘下を離れ、空いた倉庫を活用して企業の物流部門を包括代行する一物流会社へと大きく舵を切った同社は、以降は荷主企業への物流の提案からシステムの構築、実際の運用までを一括して請け負う3PL事業を中心とした事業を展開するように。

2009年には社員からの公募で社名を「グロリアス・ジャパン」に改名し、名実共に新しい一歩を踏み出した。現在では本社のある長野県と、群馬県、東京都、千葉県に計9カ所の拠点センターをもち、雑貨や通信販売の化粧品、アパレル関係などさまざまな分野を取り扱う各センターでの3PLサービスをはじめ、倉庫、検品、引越し、運輸、家電製品修理、人材派遣、コンサルティングなど幅広く事業を手がけている。

陸上自衛隊から物流畑、そして同社の経営への道

その路線変更の「舵取り役」として同社の経営に参画したうちの1人が、2014年4月に2代目社長に就任した金井田氏だ。出身は長崎県松浦市の鷹島。地元の高校を卒業後、18歳で千葉県の習志野駐屯地陸上自衛隊第1空挺団に入隊し、4年間空挺隊員としてパラシュートによる降下訓練や災害時の派遣活動に励んだというユニークな経歴の持ち主でもある。除隊後、22歳で佐川急便グループの物流部門会社に入り45歳で退職。その時、同じ佐川急便のOBである仲間たちに誘われたのが、同社に参画したきっかけだったという。当時の同社の売り上げは年間約4億円。スタート当時の月に約1億円、年間約12億に比べて3分の1に減少している状態だった。

「私が佐川急便グループに入って3年目ぐらいが、〝売り上げが月1億になった！〟と喜んでいた時期だったので、ちょうど規模が同じぐらいなんだなと思って。そこからもう一度スタートしてやってみたいという思いと、いままでやって来たことを試してみたいという思いがありました」と4人の仲間と共に新しい経営改革を開始。苦しい場面も多数あったが、そんな時によ

陸上自衛隊（空挺隊員）時代の金井田氏

く思い出したのは初めてのパラシュート降下訓練のことだという。「訓練では東京タワーとほぼ同じ高さ（約３４０ｍ）から飛ぶんですが、万が一に備えて最初の訓練の前に全員遺書を書いて上司に預けるんですよ。それを思い出すと、死ぬ覚悟でやるなら何でもできるんじゃないか、やるしかないという気持ちになるんです」と金井田氏は語る。

社名変更から５年後の２０１４年12月の同社の年間の売り上げ額は約20億円弱を達成。入社時の約５倍にまでなったわけだが、ここがゴールではなかった。２０１５年１月にはそれまでの拡大路線を変更して、事業所の切り分けや希望する役員への事業承継を通じて事業を整理。事業規模を約半分に縮小して、そのぶん新しい事業への取り組みをはじめたのだ。

将来の需要を睨み小規模企業に注目

その新しい事業とは、顧客層の大半を占める大手・中小企業相手ではなくできたばかりの小さい企業を対象に、売れるのは１日数個程度というごく初期の段階から物流をサポートしていくというもの。若い世代を中心に化粧品やサプリメントの通信販売などで起業する人も多い中、大手が手がけづらい小規模会社にも確実に物流のニーズがあることに注目。小口から細かい需要に応え、それらの会社が大きくなるのに合わせ増加していく物流を一手に引き受けようという、将来の可能性を視野に入れた作戦だ。

「起業したばかりの会社は物流のすべてを社長が自宅でやるというところがほとんどですが、場所がない、時間がないと困っている方もたくさんいらっしゃるので、そういう所からお助けできればなと。〝物流は私どもにお任せいただいて、手間が省かれた分だけ販売力を強化する方に時間を使ってください〟というスタンスで、顧客の開拓を進めています」

もちろん前提として、既存の顧客へのサービスは継続している。その一方で２０１６年度はこのような小規模な企業との契約を増やし、全体の10％程度までもっていくのが目標だという。「１件ごとの扱う金額は小さいので、もちろん利益を上げるには数多くやらないといけないというデメリットはあります。けれど例えば最初は月10万規模でも数カ月で倍になったり、１年間で10倍になったりもするのが小規模会社のおもしろいところ。10のうち２つか３つは本当に成功して急成長することも珍しくなく、業種によっては半年で10倍になることもあります」というから驚きだ。

既存の設備の最大利用も大きなメリット

このような小規模会社の顧客を増やしていくことは、大手に比べて資金が限られる中小企業にとって、設備投資の

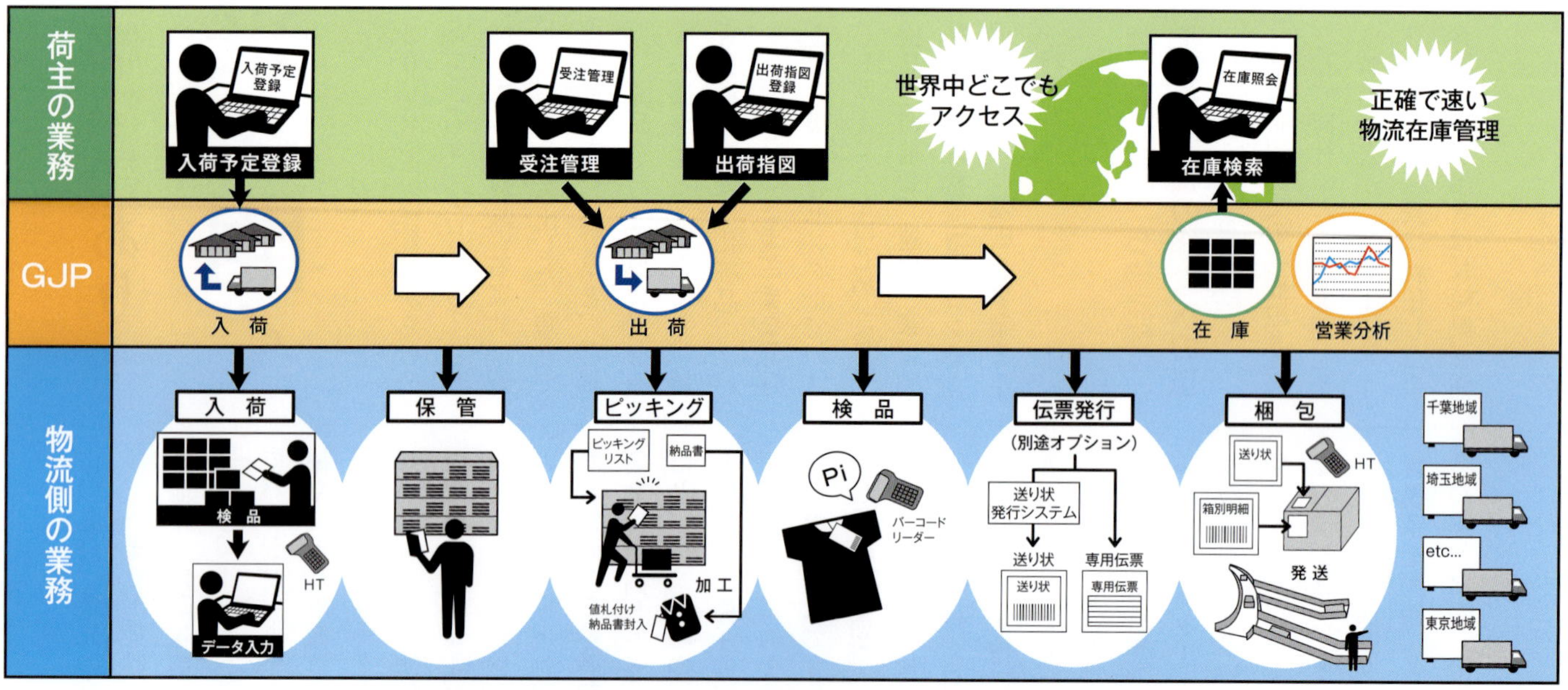

● GJP・WMSシステム

【低コスト・短期カスタマイズ開発システム】業務概要…同社WMSシステムはアパレル業界・服飾雑貨業界・バッグ靴業界・スポーツ用品業界・玩具業界等の各種業界やネット通販の物流にも対応した倉庫管理ASPサービスを利用した低コストシステム。ロジスティクス管理として、入荷予定・受注管理・インターネットを通じて全世界より対応可能な出荷指示や在庫検索の他、入出荷在庫情報を元にした営業分析も可能であり、同社では各EOSとの接続や、大手ショッピングサイトとの接続の実績も多い。また、センター側においても入荷・保管・伝票発行・ピッキング・検品・在庫管理等業務運営上の仕組みと共に、ハンディーターミナルを活用した、効率のよい業務運営が可能となっている。

通販会社の保管品（アパレル雑貨商品）の保管状況。通販会社から発送先のデータが届くと、保管品を包装して発送を行う。

面から見ても大きなメリットがあると金井田氏はいう。というのも、大手が求める大口の物流を請け負うためには求められる精度を達成するために設備や人材への先行投資が不可欠。当然そのための資金が必要になるが、小規模会社のものなら既存の拠点センターの設備と人で対応できるので、新たな設備投資は不要だからだ。そうやって今使える枠の中でできる限りの実績を重ね、売り上げを上げることで蓄えができれば、1～2年の後には新たな設備投資も可能になるという。

「今後のビジョンとして、売り上げを何十倍にしようとかは今は思っていません。それよりも重要なのは、お客様からのコスト削減と精度アップの要望に応えて確実に利益を上げていくことです。今お取引いただいているお客様には改善を提案しそれを実行すること、新規では小規模のお客様を大事にして一緒に成長していくことです」と、話す金井田氏だが、拡大路線を転換し、事業整理と新規事業をスタートした背景は一体何だったのだろうか。

従業員の成長と挑戦の継続が企業の要

「拡大路線に徹したここ数年は、設備投資はしても回収ができていない状態。ともかく顧客のオファーに応えることを最優先にした結果、売り上げは増えましたが地固めができておらずぐらついている部分もたくさんありました。それを整理して、今のお客様、社員、社員の家族を守り、企業が生き残っていくために重要なことに注力しなければというのは就任以来ずっと感じており、それにようやく手をつけられたという所ですね。企業はお客様第一主義であるのは当然ですが、社員とその家族を守るのも同じぐらい大事なこと。商品のない物流業は従業員が財産ですから、どんどんスキルを伸ばして役職・給料が上がるようになってもらいたいし、1人ひとりにそういう意識をもってもらうこと、常に前を向いて挑戦を続けることが大事だと思っています」

金井田氏は現在55歳。60歳までの5年間は将来に向けての地固めに当てる予定だという。

大手企業が目を向けない困りごとにチャンスがある

物流業界全体を見渡しても、小さな会社・小規模な取引を集めて大きくしていく作戦は、これから物流に携わる中小企業にとって必須になるのではないかというのが金井田氏の考えだ。

「大手荷主企業のニーズに応えようとするには資金が必要。資金力・マンパワーに勝る大手物流会社には勝てません。しかし例えば10のお客様を10件集めれば100になり、100を持つ大手1社と契約したのと同じスケールメリットを得ることができる。中小の物流企業はそうやって戦っていくしかないと思いますし、そのためのコスト削減の工夫なり、体制作りがこれから向き合うべき課題になってくると思います」

◇

金井田氏は仕事で困難に直面した時、ふと自衛隊時代に災害派遣で救助した人々の姿がよぎることがあるという。

「間近で見てきた災害に遭われた方の苦しみを思えば私なんかまだまだできると思いますし、そういう社会で苦しまれている方に対して何ができるのかというのも、今後の課題の1つとして常に心にあります。東日本大震災では石巻で車で衣料品を配って回ったり避難所で話を聞いたりしましたが、それも同じ気持ちですね。どんな形になるかはまだ分かりませんが、会社を立て直した上で何か貢献できればと思っています」

誰かの苦しみや困りごとを解決するのは、ビジネスの原点でもある。大企業が目を向けない小さな会社の「困りごと」が、物流に大きな波を起こす日が来るのかもしれない。

●プロフィール
かないだ・たいら氏…1960年生まれ。長崎県出身。高等学校卒業後、習志野基地陸上自衛隊第1空挺団に入隊。22歳で除隊後、佐川急便グループの佐川物流サービスに入社。1999年4月に社長賞を受ける。45歳で退職した後、同社の経営に参画する。2014年4月に代表取締役に就任。現職。

●グロリアス・ジャパン株式会社
http://www.glorious-japan.net/

〈本社〉
〒399-8102 長野県安曇野市三郷温3868
TEL 0263-77-5770

〈営業本部〉
〒277-0804 千葉県柏市新十余二13-1
SGリアルティ柏 A棟5階
TEL 04-7197-2341

〈拠点一覧〉
・本社安曇野センター／長野県安曇野市三郷温3868
・松川センター／長野県北安曇郡松川村字森重5268
・豊科センター／長野県安曇野市豊科5050
・高崎センター／群馬県佐波郡玉村町板井301
・柏センター／千葉県柏市新十余二13-1 SGリアルティ柏 A棟5階
・北柏センター／千葉県柏市松ヶ崎新田水神前13-1 ロジポート北柏3階
・葛西センター／東京都江戸川区臨海町3-3-9
・枝川センター（引越し）／東京都江東区枝川3-10-10 ブルーライン枝川センター2F
・北東京センター（運輸）／東京都足立区加賀1-18-8

「まずチャレンジすること」が成長の原動力

時代に合わせて常に価値ある商品を提供し続ける

株式会社ティ・ユー・エフは設立当初の1988年には、自動車の板金塗装や修理をメインとする小さな会社だった。しかし危機の度に新たな知恵と挑戦を繰り返してきた結果、現在では海外製品の日本総代理店へと事業を拡大。テレビ通販をはじめマルチメディアでモノを売る仕組み作りをめざし、来期は年商20億を目標に掲げて成長を続けている。創業者で代表取締役社長の中野孔生氏にその歩みを聞いた。

〈この経営者に注目！〉

株式会社ティ・ユー・エフ
代表取締役社長
中野孔生氏

板金塗装の会社として出発

同社が今日のように成長するまでの軌跡は、そのまま創業者で代表取締役社長である中野氏が歩んできた道でもある。

中野氏は中学校を卒業後、自動車の板金塗装を学ぶ専門学校に進学。卒業したのはおよそ1983年頃のことだ。当時は中古車市場が活況を呈し、多くの中古車が市場に出回っていた時代。中古車の値段も下がりがちな中で、マツダ株式会社が新しく立ち上げた中古車の商品開発部が最初の仕事場だった。そこで4年間勤めた後独立し、小さなプレハブ小屋を借りて塗装や修理を請け負うようになったのが同社のスタートだ。1年半ほど後に約100坪の工場を借りて移転し、幅広く板金塗装を手がけるように。バブル直後で新車から中古車へと人気が移っていた中、米国から仕入れる派手な色をつけた部品を使ったカスタマイズなどのサービスで順調に業績を伸ばしていった。

しかし、1990年代後半になると若者の車離れが進み徐々に顧客が減少。行き詰まりを打破するために新会社を立ち上げ、米国から独自のルートで輸入した部品を「TUF」のブランドで売り出し始める。カタログにして全国の中古屋に配ったところ注文が相次ぎ、最終的には当時国内に約1500店の代理店を持っていた自動車用品の大手・オートバックスにも商品を入れるようになった。「まずチャレンジすること」を信条とする中野氏の挑戦はここから始まった。

一つ目の転機

若者の車離れが続く限り売り上げが頭打ちになり低下を始めるのは時間の問題。すぐにでも今後の事業展開を考える必要がある中、それまで自動車関係一筋だった中野氏は視野を広げようとさまざまなセミナーに出席し、楽天の三木谷社長の語ったネット市場の可能性に衝撃を受けたという。

そこで早速パソコンを購入して楽天市場に加入。白い壁紙に部品の写真を1枚貼るようなHPからはじめたところ徐々に反響があり、1年後には1カ月で約300万円と現場の仕事と同じぐらいの売り上げを上げるようになった。しかしそんな期間は長くは続かない。すぐに価格競争が始まり、原価10万円のポータブルナビゲーションの販売利益が1000円未満になってしまったのだ。

中国への期待と失望

新たな課題を乗り越えるために中野氏が打った次なる一手は、価格競争の激しい車用品の外にも商品を広げることだ。偶然の機会にも恵まれ中国に伝手を得たことをきっかけに、インターネットで中国から仕入れた格安の日用品の販売を開始。しかし2～3

年経ち日本の商社による検品サービスの導入などで不良品の割合も減ってくると、中国から仕入れる日用品も価格競争に突入していく。再び会社の将来を考えた時、中野氏が辿りついたのは同社の原点とも言うべき「僕らが車の部品をヒットさせられたのはなぜか?」ということだったという。

「その一つは〝みんながやっていないことをやったから〟。基本はやはりそこにあり、では今それを実現するにはどうすればいいのかと考えて、日本にまったくないものを企画から立ち上げていくことはできないかと思ったんです」

その目線で中国でパートナーを探した中野氏だが、専属契約を結んでも他社に同じ商品を出す会社が続出したことから中国でのパートナー探しを断念。韓国との提携を模索し始めるが、再び「伝手がない」という問題が立ちはだかった。

ザイグル社製品との出会い

しかしここでも助け舟は思わぬところからやって来た。中国で知り合った日本人を頼ってきた韓国人が貿易会社勤務だったという偶然の出会いから、月に3~4回は韓国へ行くようになり、さまざまな製品メーカーの社長とも一緒に卓を囲む仲に。その中からまず最初の商品として、2009年にコードレスのヘアアイロンを売り出すことに成功した。しかし女性のハンドバッグにも入れられるオシャレなデザインとしっかりした機能を売りに販売を拡大したものの、ほどなく始まった価格競争類似商品の事故で販売を一旦中止。次の商品を探していた時紹介されたのが、ザイグル社のホットプレートだった。

「2万円のホットプレートなんか売れるの?と疑問だったんですが、社長自ら僕の泊まっているホテルの部屋で魚を焼いてくれたんです。それがめちゃくちゃ美味しくて煙もまったく出なくて。〝これはすごい!〟と強く感動して、この商品なら絶対売れるだろうと確信しました」

翌月には韓国に飛び、同商品の日本総代理店の契約を締結。年間2万4000台をめざして販売をスタートさせたが、すぐに問題が起こる。日本では無名のザイグルブランドはまったく売れなかったのだ。

テレビ通販の世界へ

しかしそこでへこたれる中野氏ではない。

「ヨドバシカメラで実演販売をしたら、素人の僕がしゃべるだけで1日20台とか売れる。やっぱりすごい商品だという自信はありました」という体感を信じ、商品を知ってほしいとの思いから臨場感やその良さを視聴者にダイレクトに伝えやすいテレビ通販を選択。早速展示会に出店して商談を開始した。テレビ通販に関してはまったくの素人だったが「ザイグル製品を日本で一番知っているのは俺だ」と思えば、不安や緊張は感じなかったという。

そして2011年には初めてショップチャンネルの深夜枠のテレビ通販に出演。中野氏自らの司会で40分で1000台を売り上げることに成功し、そこから大手通販会社の専門チャンネル出演にも続いていく。20分の番組で1日10台売れたら成功というところを毎日1000台の注文が入るほどの人気となり、異例の抜擢で地上派生放送へと進み、そこでも15分で600台という数字を出したところでまた中野氏のもとに新しい道を開く1本の電話がかかってくる。

「それが、その通販会社の名物社長からのオファーで、忘れもしない8月2日に全国のU局チャンネルの19局ネットでの話をいただき、僕と社長の2人でやったら15分で5000台、つまり1億円分売れたんです。結局もう2日追加でやることになり、その2日間で当時あった溜まりに溜まった在庫1万5000台全部がなくなりました。たった2日間で前年の年収を越えたんですよ」

結局1年間でその大手通販会社を通して売れた台数は30万台。多い時には収録のために同社の九州のスタジオまで、1カ月に15回も通ったという。

2015年8月に完成した自社スタジオ。「本当にいい物を私の言葉でお伝えしたい」と中野氏は語る

目指すはマルチメディアでの商品紹介

テレビ通販という「道」を得て開業以来の売り上げを記録した同社だが、もちろんそこで歩みを止めてはいない。約2年が経った所でその大手通販会社の専売商品と化していたザイグルの通販用モデルと別モデルを作る了承を取り付けると、全国の家電量販店でも販売を開始。2015年1月からは顧客の情報を自社に集められる「直販」に力を入れた新たな体制作りもスタートした。これまで大手テレビ通販番組のザイグルの台本、構成、製作から出演まですべて1人でこなしてきた中野氏のノウハウをもとにスタートしたプロジェクトは、自社スタジオが8月に完成し、番組名も「ナカノチャンネル」として社長自ら看板になり、「本当にいい物を私の言葉でお伝えしたい」と中野氏は熱く語る。

今後はコールセンター開設も視野に入れている。今までは番組作成は外注していたが、10月に収録機材も導入し、完全自社制作に移行、2015年6月から地上波を中心に月数十本の番組を放映中だ。目指すはメーカーの立場で番組を企画し、自前の媒体で放送して受注をとるスタイルの確立である。「そのためにまずテレビをスタートさせようと。ただ最終目標はテレビでモノを売ることではなく、マルチメディアマーケティングで商品をしっかり紹介する仕組みを作ること。そこに向かって1つずつできることを積み上げていく、その一歩としてまず更にザイグルを売るというのが今の位置づけです」

◇

現在、日本のテレビ通販業界は大手が独占し、新規事業社が参入するには難しい業界。番組制作、放送、受注など全てにコストが掛かりすぎているうえ、ヒット商品が生まれなければリスクも大きい。しかし、中野氏の経験と好調なザイグルの販売があればリスクは最小限になる。

「自力で成長していくには〝自分で売れる力〟が絶対に必要です。テレビ通販はこっちから仕掛けていける世界。いろいろな会社がある中で、全てを経験してきたので、これを具現化しない手はない！　できるのは我が社の特権です」という中野氏。そして売り上げ目標として来期20億、3年後に50億、4年後には100億を掲げている。

困難に直面する度に「まずやってみる」の精神で乗り越えてきた同社と中野氏。今後の成長に注目が集まる。

●プロフィール
なかの・よしたか氏…東京都昭島市出身。市立昭和中学校卒業後、専門学校を経てマツダ㈱に入社。退職後、独立して株式会社ティ・ユー・エフを設立し代表取締役社長に就任。中古車の板金塗装や修理、自動車部品の販売などを手がける。後に日用品のネット販売にも事業を拡大。現在は海外ブランドの日本総代理店としてZAIGLE（ザイグル）などの販売も行っている。

●株式会社ティ・ユー・エフ
〒198-0024 東京都青梅市新町1-19-45
TEL 0428-33-1600
http://www.tufworld.com

有害なドライクリーニングとの訣別
100%水洗いで「命を救う」クリーニング

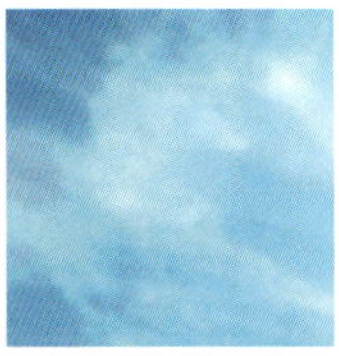

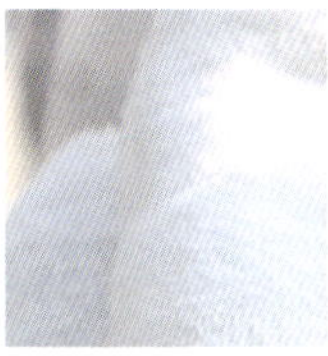

クリーニングハウス ムー/代表 **高見明美**氏

衣類へのダメージが少なく低コストなドライクリーニングだが、健康に悪影響を及ぼすとも言われている。兵庫県加西市の「クリーニングハウス ムー」は18年前にドライクリーニングを廃止し、100%水洗いに切り替えた。化学物質過敏症やアトピー性皮膚炎、鼻炎、喘息の人でも着られる同店のクリーニングを命綱と頼る顧客は多く、全国から宅配も受け付けている。

高コストな水洗い

ドライで汚れは落ちない

クリーニングから返ってきたワイシャツやブラウスをクローゼットから出すと、黄色く変色している箇所があったり、覚えのないシミが浮き出していたりすることがある。これがドライクリーニングの弊害だ。ドライクリーニングでは汚れが溶け出さず、そのまま残っているため、汗や汚れが時間とともに変色し黄色くなる。水で洗えば、こうした変色は起こらないが、水洗いは生産性が悪く、クリーニング店に利益が出にくい。

生産性の高いドライクリーニング

そもそも、生活する上での汚れの90%以上は、水にしか溶け出さない。化学溶剤で洗うドライクリーニングで溶け出すのは、皮脂などの油汚れのみ。襟に付いている油汚れは取れるものの、汗や食べこぼしなどはいくら洗っても落ちず、そのまま残る。水に溶ける角砂糖や塩をドライ液に入れ、撹拌しても溶け出さない。ソフトクリームのコーンさえ、何年経ってもパリッとしたままだという。

では、汚れの落ちないドライクリーニングがなぜ世界的に主流なのか。水で洗うと型崩れをしたり、シワになったり、縮んだり、色が落ちたり移ったりするが、ドライクリーニングではそういったダメージがない上に、アイロン仕上げがほとんど要らない形で洗濯機から出てくる。ハンカチやシャツを水で洗って絞れば、皺くちゃでアイロンを掛けなければ着られないが、ドライ液で洗うと、洗濯機でどんなに強く洗ってきつく絞っても、スーツでさえシワひとつ寄らないという。ドライクリーニングは簡単で、生産性が高いのだ。

水洗いは職人技

コインランドリーに持っていくような衣類なら、水で洗うのは簡単だ。しかし、それ以外のコートやセーター、スーツ、おしゃれ着などを水で洗うのは至難の技だという。水で洗うと繊維は様々な変化をするため、一着一着に合わせた取り扱いをしなければならないからだ。

「洗濯機をどれぐらい回せばいいとか、押し洗いでなければだめだとか、お品お品に応じた対応をします。それから、脱水も難しいんです。脱水せずに干さないと絞りジワが傷になって、アイロンでも取れなくなってしまう衣類もあります。そうしたことを見極めなければならない水洗いには、職人が必要です。ところが、化学薬品を使うドライクリーニングなら、昨日今日入ったパートさんでもできるんです。素人でもできるから、職人を雇わなくてもいい。だから安いんです」

ドライクリーニングへの疑問

1989年にクリーニング業を始め、当初は一般のクリーニング店と同じようにドライクリーニングを行っていた同氏。ドライの機械を処分し100％水洗いに切り替えたのは、「クリーニングハウスムー」のオープンから1年後の1996年だ。世界的に脱ドライクリーニングが叫ばれていることを知り、環境問題に意識が向かったことがきっかけだ。実は、ドライクリーニングが人体に悪影響を及ぼすことは、自らの身体で体験していた。ドライクリーニングを終えた衣類に触れると、瞬間的に手が粉を吹いたように真っ白になる。独特のニオイもある。ぐったりと嫌な疲れが残り、頭痛や吐き気も日常的だったという。加えて、ドライクリーニングでは汚れが落ちないことも、理屈ではなく経験で知っていた。このため、顧客から預かった衣類をドライクリーニングする一方で、自分のスーツや服は水で手洗いしていた。

「汚れは水洗いでないと取れないことは、クリーニング屋さんはみんな百も承知なんです。いわゆる『シミ抜き』は、部分的に水洗いをするサービスですからね。体調の悪くなる化学物質に漬けて、汚れの取れていないお品物をお客さんに返し、『これが高級クリーニングです』と言っている。詐欺みたいなことやってるな、と思い始めて。このドライクリーニングに、たとえ100円でもお客さんが払う価値があるのかなって。当たり前に行っていたドライクリーニングを続けることに、迷いが出てきたんです」

化学物質過敏症

洗剤や染料などの化学物質に反応して呼吸困難、頭痛や吐き気などが起こる「化学物質過敏症」の患者は、同店の水洗いクリーニングがなければ生きていけない。化学物質過敏症の患者は多くの場合、電磁波過敏症など他のさまざまな過敏症を併発しているため、電気製品も使えず、食べ物まで限られていることもある。吸う空気もなく、病院に着ていく服もない。寒冷地に住んでいれば、寒さを凌ぐ服も、暖かい布団もなく、暖房器具も使えず、満足に食事もとれないが、無理にでも身体を動かさなければ凍え死んでしまう。こういう人が、同店に布団やダウンジャケットを送ってくる。同店の水洗いクリーニングによって着られるようになり、「今年の冬は凍え死ななくて済みます」「このジャケットやコートがあれば、今年の冬は外に出られます」と感謝の声が寄せられる。同氏のクリーニングは、命を救うクリーニングなのだ。

特殊な水を使い、命を救うクリーニングを

同氏は水洗いに使う水にもこだわり、特殊なものを使っている。洗浄水・波動水・還

店舗外観

元水・活性水素水という4原則を満たす水だ。通常の水は「H_2O」だが、これに「OH^-（ヒドロキシルイオン）」が結合したもので、「$H_3O_2^-$」と表記できる。この特殊な水との出会いも、同氏が環境を考え、ドライクリーニングを捨て100%水洗いに切り替えるきっかけのひとつになった。水や糊、空気にまで徹底してこだわることで、化学物質過敏症やアトピー性皮膚炎、鼻炎、喘息でも着られる水洗いクリーニングが実現したのだ。

「お客様の命をお預かりしているということを、いつも考えるようにしています。お水や洗剤はもちろん、作業場内の空気にも気を遣っています。一人ひとり問診をしてカルテを作り、その方の情報をすべて書いて、それを見ながら出荷まで作業を進めていきます。たかが洗濯ですが、重篤な化学物質過敏症の方にとっては、本当に命に関わることなんです」

消費者の側から業界を変えたい

中からは変えられなかった

当初は、クリーニング業界を中から変えたいと思っていたという同氏。自身がひとつのモデルとなって100%水洗いが世界に広まり、環境の改善や、化学物質の被害を受ける人の減少に繋がればと期待した。しかし、中から変えるのは難しかった。100店以上のクリーニング業者が見学に来たが、真剣に取り入れようという者は一人もいなかった。「いいですね、素晴らしいことをしていますね」と言いながら、自分がそこまでやろうとはしない。環境問題が叫ばれるようになって、「水洗いも行っています」と謳うクリーニング店は出てきたが、ドライを廃止して水洗い一本という業者は同氏の知る限り一人もいない。それでも、同氏はそうした同業者を責めたくはないという。それだけ、水洗い一本に切り替えるのは困難だからだ。洗剤のブランドを換えるような簡単な話ではない。

「私がやってるんだからあなたもやって当然でしょ、とは、私はとても言えません。クリーニング店にも生活がありますし、私がそれだけ大変な思いをしてきましたから。でも、ドライの被害をいちばん受けているのは、現場で働いているクリーニング屋さんです。だからこそ、中から変えたいと思ったんですが、それは難しかったですね」

消費者が安全への意識を

それなら、消費者が変わるしかない。いま同氏が「お洗濯講座」や講演などを積極的に行っているのは、消費者に変わってほしいからだ。コストが嵩む水洗いは、ドライと同じ値段では提供できない。しかし、安全なクリーニングに対して消費者が納得すれば、切り替えることも可能だ。利益も出るようになる。消費者の理解が得られず、利益も出ないまま高価格なサービスに切り替えるのは難しいが、消費者の意識が変われば、状況は変わる。

「お金を払ってクリーニング屋さんに持っていけばきれいになると思っていたのに、そうじゃない。汚れが落ちていないことがあったり、ドライクリーニングのニオイが気になったり。クリーニングに出してもなんだかスッキリしないから、ダメもとで家で洗濯機で洗ってみたらきれいになったとか、そんな経験をされた方も多いのではないでしょうか。消費者は、真実に気づき始めています」

化学薬品漬けで、水溶性の汚れの落ちないドライクリーニングにお金を払う価値はあるのか、いまいちど考え直す必要がありそうだ。◇

●プロフィール
たかみ・あけみ氏…1989年、クリーニング業を始める。1995年、「クリーニングハウスムー」をオープン。1996年、全品水洗いクリーニングに切り替え。

●クリーニングハウス ムー
〒675-2445 兵庫県加西市殿原町373-2
TEL 0790-44-2616
http://www.cleaning-house-mu.jp

FCEトレーニング・カンパニー代表 安河内亮が注目企業に切り込む！

伸びる会社の人材育成術

「伸びている企業の秘密は人材育成にあった！」

成長を遂げている企業の経営陣は、どのようにして人材育成を行っているのだろうか。これまでに4,500社を超える企業の研修・教育を行ってきたFCEトレーニング・カンパニー代表、安河内亮が伸びている成長企業を取材し、人材育成のポイントを探る。

第6回　株式会社アサヒディード

DATA
株式会社アサヒディード（社員数528名／アルバイト含む）
本社：大阪市中央区本町2-1-6　堺筋本町センタービル11F
TEL：06-6261-2201 FAX：06-6261-3312
URL：http://www.asahideed.co.jp/

1946年に創業し、大阪と兵庫に12店舗のアミューズメント施設のプロデュース及びマネジメントを行う企業、株式会社アサヒディード。「企業の根幹は『人財』である」という信念を掲げた企業経営において「次世代リーダー」を育むために踏み出した一歩とは？　次世代を担う立場である森戸氏、育む立場である人材開発部門の豊田氏にお話を伺った。

◇

—貴社では「人財」を大事にされていると伺っていますが、社内での特別な取り組みなどがあればお聞かせください。

森戸氏：私自身、社内における『業務標準化』を担当させていただいていますが、その中で、社内の改善提案を上げる仕組みがあります。具体的には「もしもしょ」というものを各店舗から集める仕組みです。目安箱のようなものですね。7年以上続いている取り組みなのですが、社員だけでなく、アルバイトスタッフ含め、各店にポストみたいなものを用意し「今お店はこういう状態なので、こう変えたい」という提案を自由に上げていただくものです。上がった提案に関しては各店舗で改善に取り組むのですが、その全体の取りまとめや、よかった内容を他の店舗でも展開していくということをしています。その情報を店長会議で共有したり、優れたものは表彰したり。提案を推進するコンテストなども開いています。半期で200件近くの提案が上がっていますね。

—素晴らしい取り組みですね。すでに良い組織風土ができているように思いますが、なぜ研修を導入されたのでしょうか？

豊田氏：次世代の会社を担う人財を育成していくうえで、今以上のリーダーシップを発揮してもらうために必要なことは何か？という思いから、『7つの習慣®研修』（※）に行き着きました。リーダーシップ、その原理原則という「ベース」の考え方を共有することで、若い方々が新しいリーダーシップを発揮し会社を変えてくれるのではないか、という期待を持って導入しました。導入時は、このような研修は経営幹部陣から順に受けていくのがいいのではないか、とも悩みましたが、今弊社に求められているのは、若い世代の人財に経験や知識や技術を提供し、彼らが成長することで会社を成長させるというサイクルだという思いから、森戸のように今後リーダーになってもらう層を『選抜』して受講者を決めました。受講者の上司陣にも選抜するということを理解してもらいながら進めました。

森戸氏：受講者宛に参加連絡を頂いた後、上司に報告をしました。そこで印象的だったのは、上司や周囲からの反響ですね。「自分が出たかった」「いい研修だよ」という声をたくさん聞きました。このような反響をもらうことで自分自身「代表として選ばれたんだ」という意識が強くなりましたし、業務の合間で研修を受ける、という感覚ではなく、何か持ち帰れるように、社内に展開できるようにと考えながら、いつも以上に準備万全で研修に臨むことができました。

豊田氏：研修というのは、ある意味報酬の一部だと考えています。頑張っている人財により成長してもらうためのチャンスですね。それを送り出す上司側にはよく理解いただいた結果だと考えています。もちろん、上司として悔しい部分もあるとは思います。意欲が高い人ほど、「自分が研修に出たい」と言っていたようですので。でも、そこで上司陣が「負けないように成長しよう」と思うことも選抜した一つの効果になるかと考えました。

―受講後、変化があった点などはありますか？

森戸氏：最もインパクトが大きかったのは「第3の習慣」（「最優先事項を優先する」という時間管理に関する内容）です。私の仕事の1つに5店舗の清掃業務スタッフの管理があります。アルバイトスタッフなのですが、長く働いてほしいという気持ちから、これまでは連絡が入れば、それがどんな内容であれ確認もせずに、とにかくすぐ現場へ飛んで行っていました。仕事が詰まっているときもです。でも研修の中で出てきた「緊急性と重要性」の軸で優先順位をつける、という内容を聴いて自分事として考えていくうちに、大きく考えが変わりました。「連絡があったらすぐ駆けつける」状態をやめ「緊急度」を図るとともに、スタッフ全員とのミーティングの場で私のスケジュールを共有するようにしました。すると、何でもすぐに私に連絡するのではなく、まずスタッフさんが直接一緒に働く店舗の社員に相談してくれたり、スタッフ同士で相談してから私にメールをくれるようになったり、と自分たちで考える機会がとても増えました。それらをきっかけに、店舗の社員もスタッフとのミーティングに立ち会ってくれるようになり、「我々も協力できることがあればしますから、なんでも言ってくださいね」と声をかけてくれたりするようになりました。私がいなくても、望む結果が得られるということがよくわかりましたし、良い方向に変わるきっかけを作ることができましたね。

―森戸さんご自身のリーダーシップが増し、影響力が広がっているのですね。次世代を担うリーダーとして目指すこと、これから期待することをお聞かせください。

森戸氏：すごいな、と思っているのは受講した他のメンバーのほとんどが、今もこの研修での学びを実践していることなんです。正直まだまだ組織を変える、会社を変える、というのは自分にとっては大それたことのように思えます。でも、行動を変え、まず自分が変わることで、今は小さい芽かもしれないけれど、それを少しずつ続けていけば、全体として大きく変わっていけるかもしれないという思いになったのは確かです。研修で学んだことを共有するだけではなく、我々自身がこれだけ変わったと言ってもらえるような状態になることで、それが広がって会社全体に変化が起きればいいな、と思っています。それに、それが受講させていただいた側の責任かな、とも。

豊田氏：もっと主体的な会社にして、新しい営業、新しいサービス、新しい事業というのが次々と生まれる会社にし、お客さまにより楽しんでいただける娯楽やよりよいサービスを提供する会社にしてシナジーを生み出したいと思っています。それに対して私も貢献していきたいですね。それに……今回森戸をはじめ受講者の変化を見ながら、私も危機感が出てきました。役職としては、研修受講者全員の上の立場ではありますが……。もっと自分たちも頑張らないといけない、次の世代が成長し突き上げて来るぞ、負けてられないぞ、と。他の上司陣も、そう感じてくれていればありがたいですし、それこそが、ある意味この研修導入の成功とも言えるかなと思います。

FCEトレーニング・カンパニー 代表・安河内亮の一言

今回は、「次世代リーダー育成」の成功事例として、人材開発部門の方と次世代を担うリーダーの方にインタビューをさせていただきました。アサヒディード様の事例はまさに成長のよいスパイラルを生み出しているケースだと思ったためです。

今回のポイントは以下の2点です。

①組織の成長には「下からの突き上げ」が必要

②一人ひとりの変化が、組織の変化を生み出す

今回の大きなポイントは「次期リーダー層」をあえて「選抜して」研修を受講させた、という点です。「選ばれた」という意識が受講者本人に醸成されることで、吸収意欲は高まり研修効果は最大化されます。また、上司は送り出す側ではありますが、研修後に行動を変える部下を見れば、豊田さんのように「自分だけこのままではまずい」という考えをもつきっかけにもなります。トップダウンだけでなく、「あえて下から突き上げさせる」状態を生み出したことで、健全な危機感をもって成長する土台を見事に作り上げた好例と言えます。

また、森戸さんの言葉にあったように「まず自分が変わる」という意識を一人ひとりが持てば、組織は必ず変わります。例えば、森戸さんの例にあったように時間管理は個人的な問題と考えがちですが、多くの人と関わるリーダーがその時間の使い方を見直すと、周囲に影響が出ます。このことに気付いて、行動に移す人財を生み出すことこそが、組織変革の大きな一歩と言えるのではないでしょうか。

★安河内 亮
（FCEトレーニング・カンパニー代表）

東証一部上場企業にて、大手小売チェーン等の経営支援に携わり、その後、人財開発部門へ。就職人気企業ランキング日本50位へランクイン、「働きがいのある会社」ランキング入賞など実績を残す。その後FCEトレーニング・カンパニーを創業。自らも人財コンサルティング、社内大学構築等を実施。嘉悦大学非常勤講師。

（※）「7つの習慣®研修」はFCEトレーニング・カンパニー主催の「7つの習慣®InnovativeMind研修」をさします。「7つの習慣®」はフランクリン・コヴィー・ジャパン社（FCJ社）の登録商標です。本プログラムはFCJ社とのパートナーシップ契約に基づき、FCJ社の監修のもと、研修および振り返りテキストを通してビジネスシーンでの実践を目的に開発しております。

Report

新サービス『ホワイト企業パック』発表会

― 人事領域のプロ集団が“ホワイト企業化”を支援 ―

2015年11月19日(木)、人事評価クラウド「コンピリーダー」を手掛ける株式会社あしたのチーム(本社:東京都中央区、代表取締役社長:高橋恭介氏、以下あしたのチーム)が、ベクトルラウンジ(東京都港区赤坂)にて、新サービス『ホワイト企業パック』を発表した。

中小・ベンチャー企業向けのアセスメントサービス『ホワイト企業パック』とは、株式会社ブレインコンサルティングオフィス(本社:東京都千代田区、代表取締役:北村庄吾氏)、株式会社トーコンヒューマンリソース(本社:東京都中央区、代表取締役社長:堀川教行氏)と共同開発したクラウド型の診断サービス。

具体的には、「組織診断」および「労務診断」で、自社に潜むブラック企業リスクの洗い出しと対策を施し、「評価制度診断」および「採用力診断」で社員のモチベーションを向上させる動機づけが行われる。人材を活かしながら成長発展を遂げる「戦略的ホワイト企業」となるために必要な4つのアセスメントをトータルパッケージで提供している点が、本サービスの特長だ。

(写真左から)北村氏、高橋氏、堀川氏

「組織診断」および「評価制度診断」はあしたのチームが、「労務診断」は日本最大級の社労士ネットワークを有するブレインコンサルティングが、「採用力診断」はトーコンヒューマンリソースが担う。総合結果は、あしたのチームから「ホワイト企業診断レポート」という形で提出される。

主なターゲットは、中小企業やベンチャー企業、IPO前後の企業。年間の導入企業社数は100社を目標にしている。

●『ホワイト企業パック』について

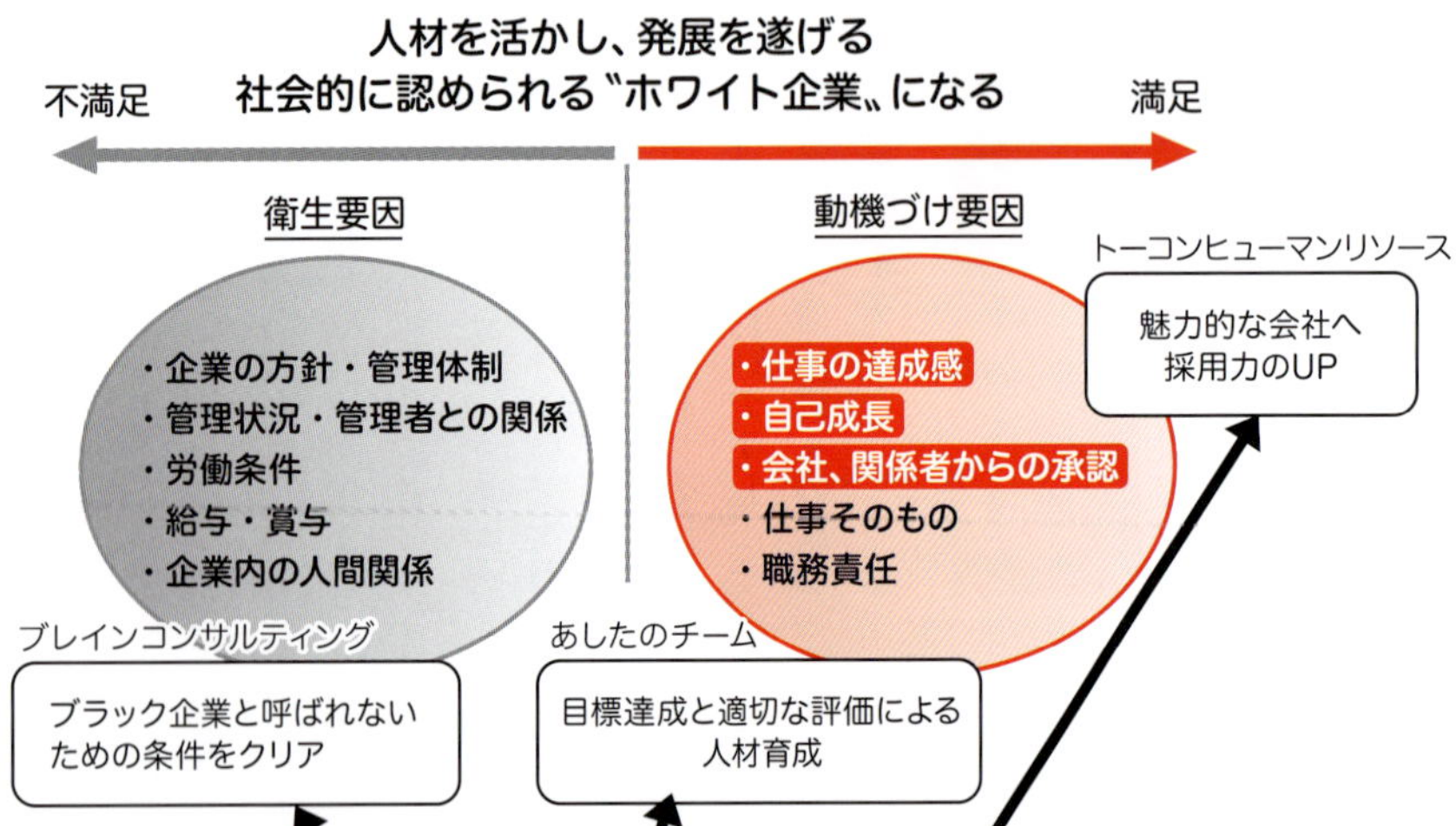

	労務診断	人事評価診断	組織診断	採用診断
ホワイト企業パック	○	○	○	○
A社	○			
B社			○	
C社		○		
D社				○

働く人のモチベーションがあがる制度になっているか?という観点から診断を実施。

それぞれのメニューが独立しており、経営的な視点から診断するサービスとなっている。

①組織診断
「従業員の生の声」を拾い上げることで会社が抱えている潜在的問題にスポットライトをあて、取るべき対策を明らかにしていく診断。企業の成長・発展に必要な7つの視点でレビューを行う。

②労務診断
労働基準監督署が調査で注目している、〝社員とのトラブルになりやすい8分野80質問(9分野90質問)〟に関するアンケートを実施。また、実地監査により、労働基準監督署・年金事務所が重点的に調査をするポイントをヒアリング。

③評価制度診断
500社以上の評価制度構築・運用経験を活かした人事評価制度診断により、現行制度の危険度や改善すべきポイントを明らかにする。

④採用力診断
『採用計画』、『採用広報』、『採用実務(応募)』、『採用実務(選考)』、『採用実務(内定)』の各項目についてのアセスメントを実施。

★ホワイト企業パックHP:http://www.ashita-team.com/white/

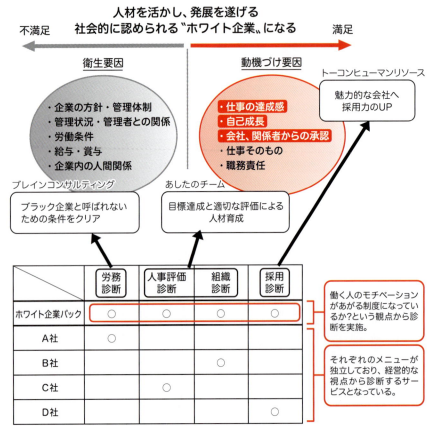

生産人口減少の現実に、フィットする働き方を提唱！
「日本」を変えるために、「人」を変える

株式会社チェンジ／代表取締役　**神保吉寿氏**

大学時代に「なにもの」になるかを描けなかった青年が、コンサルティング会社に出会い、時を経て企業変革のための株式会社チェンジを設立。「人」の変革をテーマに、企業を、日本を変えていくビジョンを打ち立てた真意、そして13年目を迎えたIoTソリューションと研修を両輪としたその事業に迫る。

「なりたい」自分に目覚める時

転勤族の父親のもとで育った神保吉寿氏は、岡山生まれだが小学生時代は中国四国地方のあちこちへ行き、中学校1年生の時に松山、中2から高3まで新潟で過ごした。大学は祖父母が住む岡山大学に進学。

法学部で学ぶもむしろ関心事は政治や世界情勢で、徹夜でテレビの政治討論番組を見ることもしばしばだった。折しも湾岸戦争の時代。PKO、国際平和維持活動の派兵問題にも興味があった。岡山でまだ行き先の見えない一学生に過ぎなかった神保青年は、同時に政治問題を活発に議論する硬派なサークルが存在するような東京に憧れた。国際学生シンポジウムの開催で上京の機会を得て、

「田舎から出てきて、いきなり洗練された学生たちを目の当たりにするわけです。彼らはどのような勉強をして理路整然と自分の意見を言えるのだろうとか、どんなところに就職していくのだろうと思いました。その時にたまたまコンサルティング会社という存在を知るわけですね」（神保氏、以下同）

といっても、学生同士ではそれが何をする会社かよくわからない。同じ時期に著名なコンサルタントである大前研一氏の〝平成維新〟という本に出会う。

「道州制について書かれていましたが、中身そのものではなく、ものの見方であるとか切り口に驚きまして。経営コンサルタントになれば新しいものの見方が身に付いた人になれるのではな

「ビジネスコミュニケーション」研修：学習の流れ

『自ら考えて行動し、やりきる』とはどういうことかを、新入社員が配属直後に直面し得る場面を想定し、具体的に理解する。
1つ1つの動作が価値を生んでいるかを徹底的に意識できるように、様々な場面を個別具体的に確認していく。

◎「聞く・読む・書く・話す」のそれぞれにおける講義でのメッセージの一例

上司から作業指示を聞き…

・聞いたことが**次のアクションにつながって**初めて価値を生む
・作業指示を聞くなら、5W1Hで漏れを防ぐのは当然
・更に自分なりの**作業内容の組立て（＝作業内容の理解）を指示者に提示**して、初めて「聞く」が合格に達する

適時／適切に報告を行う…

・自分が話したことが、**相手の次のアクションにつながって**初めて価値を生む
・作業の報告では、「で、私にどうして欲しい？」「どこを見ればよい？」と言わせない
・レビューを行うのは指示者の仕事だが、**レビューを適切に求めるのは作業者の仕事**

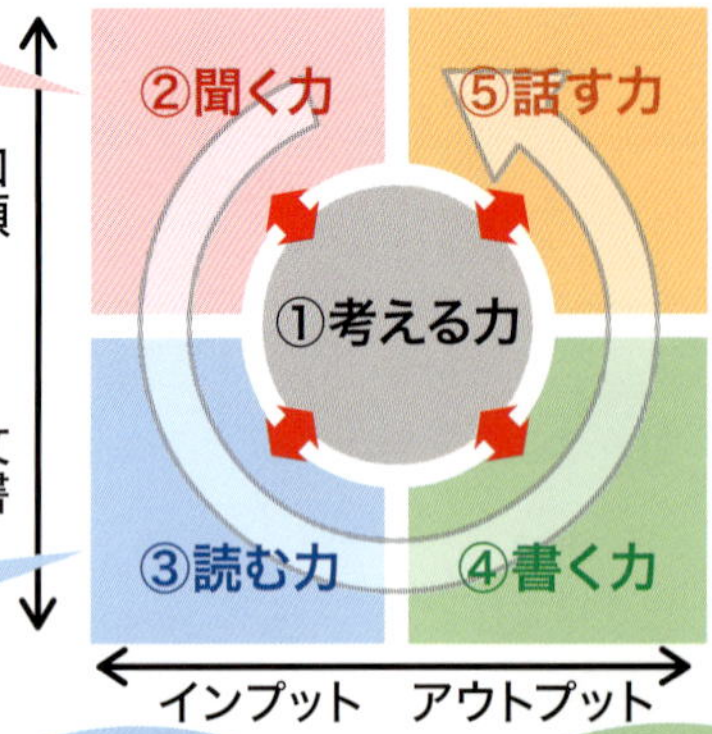

・**判らないことは自分で調べる**という意識を徹底
・調べた内容は、**他者に共有できる形に落とす**ことで価値を生む
・例えば500頁の資料を読んで2頁に要約することで、**他者が読む時間を大幅に節約**できる、これが付加価値

必要な情報を効率よく仕入れ…

・ビジネスの文書は「正しさ」と「分かりやすさ」が求められる
・「正しい」は当たり前、**「分かりやすい」に価値がある**
・書いた文書を**相手が理解するまでの時間が短ければ**、短縮した時間分が付加価値

適切な文書や成果物を作り…

いのか」と思ったという。そこから経営コンサルタントへの道、手始めにコンサルティング会社への就活がはじまったのである。

大手コンサルティング会社での基礎づくり

いろいろ調べると、著名なコンサルティング会社はどうやら東大卒しか採用しないらしい、ということがわかった。神保氏は就職情報雑誌で見つけたアンダーセンコンサルティング（現アクセンチュア）という会社の文字そのものに惹かれて照準を定める。アメリカのシカゴ本社の大きなグローバル企業だったが、運良く就職できた。ところがである。

「実は中身がIT企業だという事をよく知らなくて、入社してからは企業に提供するシステムの開発現場に放り込まれました」

それでも同氏はシステム開発をする前段階において、その企業が何をどう変えたいのか、方針の整理や業務改革を考える部署への移動を果たす。アンダーセンでのその後の4年間は大手企業の業務改革を担当した。効率的な業務の流れとは？コンピュータはどう絡めばいいのか、それに付随した組織構造の変革など、〝組織生産性を上げる〟をキーワードにコンサルティングの仕事に終始した。

「ここで覚えた技が、業務の効率化や業務革新の仕方、組織図を設計する時の考え方です。私にとっては、本当の大学のようなものだったかもしれません。ロジカルシンキングやロジックツリーとか言われたりしますが、全て構造化したり、細かく分解して考えていく思考方法が身に付きました」

全体を見渡す目をつかむ、自分みがきの数年

1999年になった。世の中はネットバブルに浮かれた時期、神保氏も浮かれていた。ベンチャーキャピタルに呼ばれて、アンダーセンを辞め、さらにホームページ業務に特化したベンチャーに移った。そこはアンダーセン時代の先輩が立ち上げた会社で、同氏はウェブサイトの作り方などを一通り覚えた。

「アンダーセン時代は大手企業の1部門だけの業務改革をすればよかったのですが、そこでは中小中堅企業に深く関わらせていただき、初めて会社の全体像を俯瞰で捉えることができました」

頭でっかちで、いろいろな人が様々な理由で働いていることすらわかっていなかった頃でもあった。たとえば、部長クラスの人を相手に30そこそこの若者が、20代の頃に本を読んで覚えたカタカナ英語を使って重要なことを語っても、嫌われるだけで仕事にはならない。

「日本の現場の現実を叩き込まれました。2年間、非常に貴重な経験をさせていただきました」と同氏は振り返る。

そして転機は京都の中堅企業を担当していた時に訪れた。当初のホームページのリニューアルから、基幹システムを入れ替える仕事のコンサルタントとして関わるようになり、オーナー社長に気に入られたこともあって、「もっと相談に乗ってくれないか、とありがたいお言葉をいただいて。その方はさらに『自分も31で独立したから、31のお前も独立せい』と言ってくださって。仕事面でのサポートを申し出てくれました」

京都に移り住み、フリーで2年間、さらに自分に磨きをかけた。

生産人口の減少に対抗するための人づくり

雌雄の時を経て、満を持したように今の株式会社チェンジを設立したのが2003年。中小企業挑戦支援法のもと、資本金650万円でのスタートだった。設立当初は外資系の大手コンサルティング会社の下請けに甘んじていた。プロジェクトに参画してそれでお金をいただく。家族を路頭に迷わすことはないが、ただそれが本来思い描いていたプランではない。

初めに『Change People, Change Business, Change JAPAN』を旗に掲げていた。その背景には、ひとつには5人の設立メンバーいずれもが、企業の変革をお客様と一緒になって企画・推進していく現場密着型のコンサルティングの経験を積む中で、〝企業の構成要員である『人』が変わらなければ企業は変わらない〟という結論に至ったことにある。もうひとつの要因としてはその当時から生産人口が減る傾向にあって、日本全体が衰退する前に何とかしたいという思いがあった。

「生産人口、働く人が減るなら、ひとり一人の生産性を向上させなければならない。我々の主旨は生産性を向上させることに絞り、人を変えていこうということです」

人を変えるとは、なにも人格や性格を変えることを意味しているわけではない。その人のパフォーマンスを変えることを指向している。パフォーマンスを高める上で最も重要なことは、仕事のやり方を変えることである。

「野球にたとえると、今までは9人で戦えたものが7人で戦うことになる。7人でも9人の時と同じように勝てるようにする。そのためにはひとつは道具、もうひとつは人の教育。優れた道具を優れた教育を受けた人が使いこなせば生産性が上がるだろう、というのが我々の仮説です」

だから同社ではIoT、今はスマートフォンやタブレットなどスマートデバイスと呼ばれているものを使っての業務革新にかかわるソリューション事業と、若手向けの実務に役立つ研修。2つの事業を柱としている。特に、「チェンジの研修コンセプトは、ビジネスマンの体幹を鍛える研修。ビジネススキルの根幹にあるのは、『聞く・読む・書く・話す』力ですので。その辺りをきっちり鍛えることが強みだと思っています」。

一歩先行く先見性を持つこと

チェンジの顧客は大手企業が多いと聞く。その理由は何なのだろうか。

「もともと、特に大手企業をクライアントにしようと意識していたわけではないのです。しいて言えば人との縁ですね。私が最初に務めていた会社のOBの方が大手の人材開発の担当になられて、それでうちに声をかけてくださった。その方がやりたい研修プログラムがある。けれど、どこも作れないそうで『お前たちは作れるか』と」

その時に創業メンバー全員が頑張ってOBのオーダーに応えた。

「『どこにも作れないものを作れなかったら、僕らのその後はない』くらいの覚悟でした。そこを乗り越えたことによって、大手企業さんの間にうちの評判が広まっていったんだと思います。大手志向はあくまで結果です」

こうした業界では、スキルも含めて専門知識がクライアントの上を行かなければ成功しない。

「どの業界でもそうでしょうけれど、今の時代は御用聞きでは簡単に見限られてしまいます。我々は常にお客様の一歩先を行かないと、付加価値は出ないですし商売にも結びつかない」

大学時代に初めてワープロに触り、会社に入ってウィンドウズの洗礼を浴びた青年は、創業12年、人と組織のパフォーマンス向上を旗印に会社を率いてきた。今では資本金も設立当時の7倍以上、社員50人、売上も14億の企業に成長した。

「先輩方から見ればまだ若輩者、未熟者でしょうけれども」と謙遜するが、常に先を見据え、憂い、具体的な行動へと結びつけてきた。その間につかんだ手応えと自信は、青年を、日本企業全体の競争力向上に貢献していきたいと願う経営者の顔にした。

同社に飾られている社員の寄せ書き

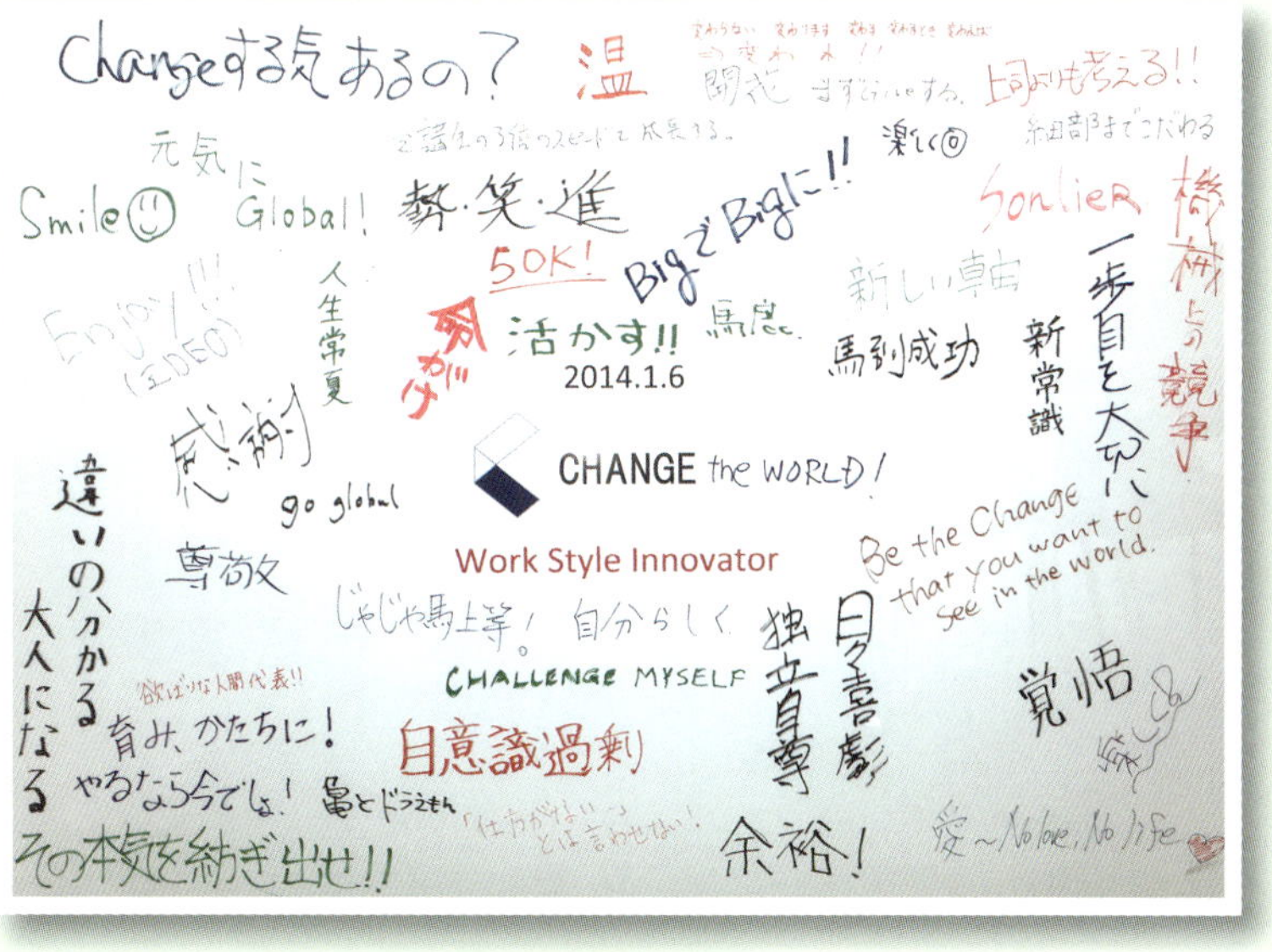

●プロフィール
じんぼ・よしひさ氏
1970年　岡山県生まれ
1994年　岡山大学法学部卒業後、アンダーセン・コンサルティング（現アクセンチュア）入社 企業の業務改革を担当
2003年4月　中小企業挑戦支援法に基づき資本金650万円で株式会社チェンジを設立

●株式会社チェンジ
〒105-0001 東京都港区虎ノ門3-17-1
TOKYU REIT 虎ノ門ビル6階
TEL 03-6435-7340
http://www.change-jp.com

広範囲に応用可能で時流にのる

人を育てる秘策は、スポーツ心理学と見つけたり!

一般社団法人 社会整備サポート協会／代表理事 **河合一広氏**

優れた人材の確保や育成は、どの企業にとっても課題のひとつだ。人材育成の方法は多種多様だが、何がフィットするかを見極めることも難しい。そんな中、「一般社団法人社会整備サポート協会」では、スポーツ心理学という、一見、企業の人材育成には関係ないような分野からアプローチする。代表理事の河合氏に、人材育成とスポーツ心理学の結びつきをはじめ協会が目指す将来像を聞いた。

eラーニングで効果のあるコンテンツを探って

もともとはメガバンクや外資系銀行で法人営業やコンプライアンスを担当していた河合一広氏。2012年に社会性の高いスキルを持つ専門家を発掘、強い個人の育成に貢献するコンテンツ創造のために、一般社団法人社会整備サポート協会を設立した。

「社会整備サポート協会」としたのは、国や市町村、大企業などでは行き届かないサービスや商品を同協会が提供することにより、地方格差や所得格差などを是正し、社会基盤整備のサポートをしながら強い個人と豊かな生活を実現することが目的だからである。

今ではインターネットを使った学習形態「eラーニング」で展開するさまざまな検定ビジネスコンテンツの企画・制作・販売に加え、実際の研修にセミナー開催、エージェント・マネジメント業務などを行っている。

だが、設立当初は仮にも順調とは言えないスタートだった。まずは同氏の得意分野であるコンプライアンスと数学をeラーニングのコンテンツにしたが、あまり普及しなかったのである。次に提供したのはオリジナル検定だ。社内用検定とお客さま向けの2方向からアプローチした。それは、社内検定では義務感のある研修より自発的に取り組めて社員の競争力を刺激できる、お客さま検定では広告よりも確実に自社ファンを増やせる、と好評を呼ぶ。

そして同じ頃、同氏のアンテナがキャッチしたのは〝スポーツ心理学〟だった。最近注目を集めているスポーツ心理学ではあるが、学べる大学は意外に少なく、日本では7、8校しかない。さらに大学院を卒業し、プロやアマチュアのスポーツ選手に対して現場で教えることができる人はわずか数人しかいない。

同氏はすぐに数人のうちの一人でスポーツ心理学の第一人者ともいうべき作新学院大学の笠原彰准教授に会いに行った。「eラーニングのコンテンツにすれば、全国の人に勉強してもらえる」と提案しつつ、笠原准教授のプロデュースも引き受けた。

「うちが人材育成や研修など行っている競合他社と差別化できる点は二つあります。その一つがスポーツ心理学を使った研修ができること。もう一つは人をプロデュースするということです」その言葉通りに、〝スポーツメンタルトレーニング〟(学研)という書籍の出版に尽力し、テレビ出演や講演の機会も増え、結果的にスポーツ心理学の認知につながった。

体のケアとメンタルケアは同じ

スポーツ心理学というと、普通はアスリートなどを対象とする心理学だと考える。まして近年スポーツ界ではメンタルトレーニングの必要性が高まっていると聞く。当然、一流のアスリートはスポーツ心理学に基づいたメンタルトレーニングを受けていると思っていた。

ところが河合氏曰く「日本ではメンタルトレーニングを組織的に利用しているところはまだ少ないですね。過去に受けたことはあっても定期的ではない。個人では何人か受けている人もいますが」

それも当たり前だ。前述のように日本には専門家が少ないからだ。アメリカの場合はどうか。

「大リーグにはメンタルトレーナーの部屋があって、何かあると選手が普通に相談に行ける環境にある。体のケアとメンタルケアは同じという意識があるのです」

もう一つ日本で普及しない要因が日本人特有の〝メンタルを相談するのは弱い人間のすること〟という考え方が根強く残っているからだという。メンタルトレーニングを積極的に取り入れているアメリカの場合は、体のケアとメンタルケアをほぼ同列に考えている。

「日本でメンタルトレーニングを受け入れやすくするためには、たとえばよくも悪くも日本人の好きな精神論、これさえもスポーツ心理学に当てはめ理論的に説明すれば納得感が生まれます。そのことがヒントになるかもしれない」と同氏は話す。

ビジネスにも活用できるスポーツ心理学

同協会では、スポーツ以外のビジネス分野でもセミナーに活用している。

「結果を出さなければならないのはスポーツもビジネスも同じ。では勝つためにはどうやったらいいかと、こういうことですね。たとえば著名なプロアスリートにしても一日にしてその地位を築いているわけではない。スランプの時もあったと思うし、トレーニングしても思うような結果が出ないなど様々な問題を乗り越えてきている。問題に直面したときにスポーツ心理学では『どうやったら緊張や不安、プレッシャーをコントロールし、良い結果を出せるのか』ということをメンタル面からアプローチしていく。〝ビジネス分野でも共感し実践できる部分は大いにある〟との声がお客さまから必ず出ますね」

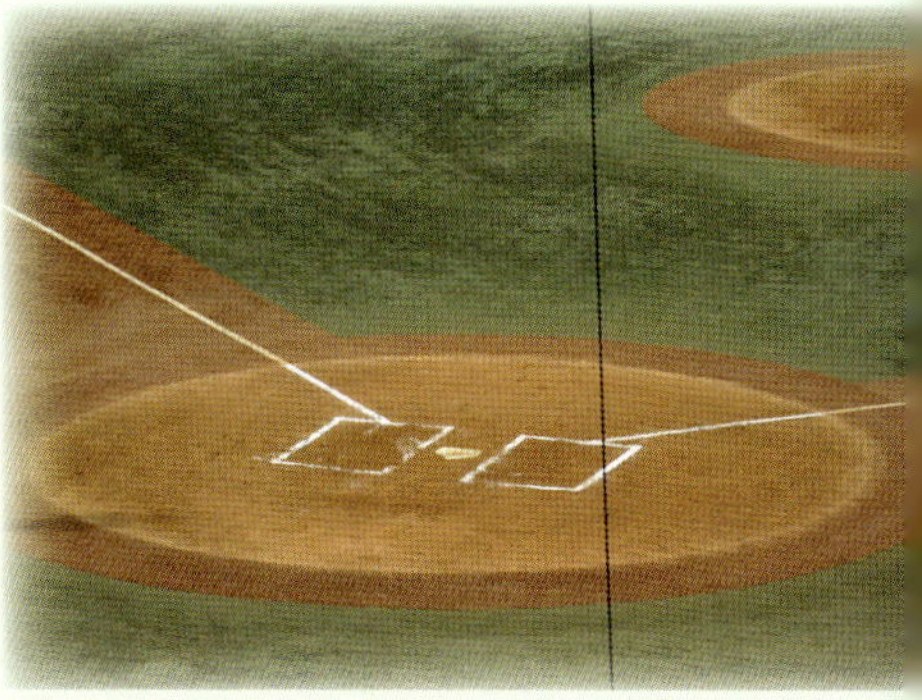

すでに某地方銀行やIT企業、証券会社などではスポーツ心理学を応用したセミナーで実績をあげている。最近特に注目されているのが若手管理職向けのリーダシップ研修と就活生向けのメンタルトレーニングだ。

管理職だからリーダーシップがあるわけではないが、リーダーシップを体系的に学ぶ機会も少ない。何より、20代後半から40代前半までの比較的若手の管理職に共感を得やすいのは、人材育成でありがちなMBAを取得した高名な人が創ったようなコンテンツとは異なり、同世代のスポーツ選手の生き様などを交えたスポーツ心理学だからだ。

それは就活生においてもいえること。「以前と比べて経済基盤の違いもあり、今の就活生は自分をどう上手く見せるのか、聞かれたくないことを聞かれた時の対処法などが必要で、それにはスポーツ心理学に則ったトレーニングが向いている」

突き詰めれば、人間力を高めることなのだろうか。

「強い個人を作るということですね。強い個人というのはちゃんとした目的意識を持たないとなれない。スポーツ心理学では、感情、思考、身体反応、行動の4つある要素のうちの2つを鍛えます。トレーニングの対象となるのは思考と行動の2つ。我々はスポーツ心理学を通してそのスキルを提供できる」

社会整備サポート協会によってもたらされた人材育成×スポーツ心理学。この化学反応のような新しいコンテンツで、人材育成の分野に風穴を開ける日は近いのかもしれない。

●プロフィール
かわい・かずひろ氏…名古屋出身
1988年　みずほ銀行（旧富士銀行）に入行、国内にて法人営業・コンプライアンス対応、ドイツ・スイス拠点にて法人営業
2004年　ドイツ銀行グループ入社。国内にて法人営業、当局対応およびコンプライアンス対応
2012年　一般社団法人社会整備サポート協会設立、代表理事就任

●一般社団法人 社会整備サポート協会
〒160-0022 東京都新宿区新宿1-24-7
ルネ御苑プラザ7階
TEL 03-6380-0458
http://social-navi.jp

●スポーツメンタルのホームページ
人材育成　スポーツメンタル　検索
https://mental-consultants.com/

江戸時代から続く製薬会社が医薬品事業を止め、茶カテキンなどの天然植物成分の原料メーカーになった理由とは？

白井松新薬株式会社
——我々の信念は人々の健康に貢献すること

お茶に含まれる「茶カテキン」などの天然植物成分を用いた消臭剤や抗菌剤が巷にあふれる昨今。そうした大手メーカー各社の製品に植物成分の「原料」を提供する企業がある。元は最終製品を作る医薬品メーカーだったその企業の歴史は古く、ルーツは江戸時代にまで遡る。なぜ最終製品を作ることを止め原料供給に切り替えたのか、そこにある物語を追った。

茶カテキンが秘めた大きな可能性

茶カテキンは、言わずと知れた緑茶の茶葉に含まれるポリフェノールの一種。古来より養生の薬として珍重されてきたお茶は、飲む以外にも様々な活用がされてきた。例えば、使い終わった茶葉を除菌剤がわりに畳に蒔いて掃除をするなどはおばあちゃんの知恵袋的な話として有名だ（埃が舞わなくなるためでもある）。ただ、そうした効能を科学的に実証するデータは長らくなかった。白井松新薬株式会社の中谷榮志社長が目をつけたのはそこだった。

１９８０年初頭、同社が実際に分析してみると、お茶にはカテキンやポリフェノールなど様々な成分が含まれており、どう作用してどういう形で体に効果を及ぼすのかが分かった。それこそガンの予防効果から抗老化作用、消臭作用まで幅広い効能を持っていた。

中谷氏はその大きな可能性に魅了され、独自技術で還流抽出の手法を開発。現在では抽出手法の特許も取得しており、アメリカやヨーロッパの一部機関から許可を得られるまでになった。

当時について「食品事業としての試みはいくつか存在していたが、医薬品や医薬部外品としての事業は他にありませんでした。自然なものを活用しているという点は、唯一我々だったのです」と振り返る。

３００年の歴史を持つ白井松新薬

大正13年（１９２４年）に大阪市今橋で13代目白井松之助により、産声を上げた白井松新薬株式会社。江戸時代の享保元年（１７１６年）に白井松之助が立ち上げた薬種商が前身で、小間物屋として化粧品から始まり簪（かんざし）まで製造するなど江戸時代には多岐にわたる事業を展開してきた。その歴史は今日まで連綿と続き、同じ「白井松」を冠する白井松器械株式会社なども同グループなのだという。

白井松新薬の病院向け医療用薬品事業は昭和初期には多くのヒット薬剤を生んでいる。例えば、文豪・谷崎潤一郎の晩年の作品『鍵』（昭和31年中央公論社）には以下の描写が見られる。

――午後一時児玉さん来診。体温六度八分に低下。血圧は再び上がる傾向を示す、最高一八五、最低一四〇。そのためネオヒポトニン注射。今日も睾丸の検査がある――

56歳の夫と45歳の妻との屈折した性衝動を日記に露悪的に吐露したこの小説で、医者が病に伏した夫に「ネオヒポトニン」を打つのだが、この血圧降下剤こそ白井松新薬の製品なのだ。

現在の社長中谷氏は、商社に20年間在籍した後、妹が先代の社長と結婚していた縁で入社。新しく創設された薬粧部で取締役本部長という役職に就き、4年の期間を経て社長に就任した。当時は病院向けの医療品しか製造していなかったようだが、現在では『薬粧部』『食品部』『アポテック部』から成る3つの事業部を展開し、大手メーカーが製造・販売する消臭剤や抗菌剤等の原料提供や海外の食品や酒類の輸入販売、ドラッグストアー等を通じて、健康に役立つ医薬品や健康食品の提供をしている。

医薬品の開発を止めた理由

しかし、医療用薬品を世に提供していた同社が、なぜ事業転換を行わなければならなかったのか。中谷氏にインタビューした。

◇

―なぜ病院向け医薬品の開発を止め、天然植物の原料を扱うようになったのか？

我々も最初の頃は、最終製品まで手がけていました。ただ、中小企業にとっては最終製品を扱う難しさがあるのです。時代とともに安全性を実証するための実験をより広範に行わなければならなくなりました。医薬品の製造過程には当然、副作用の問題から安全性の問題まで対処する必要があり、組織力や金、人材が必要になります。つまり会社側としてよほどの大企業ではない限り、投資等が重荷になるようになっていったのです。それにある一定期間を過ぎたら小売店から売れ残りが返品されてしまうこともあります。中小企業はそういったリスクを負いきれません。原料の供給であれば、取引先の商品が売れ残っても返品はありませんから。

―長いこと医薬品メーカーをやってきているのだから投資のかからないジェネリック医薬品メーカーとして進むという道もあったと思われるが…？

ありましたが、同じ成分で同じ効能を謳っているけれども厳密には同じ薬ではないし、薬としての安定性が保持できるのかわかりきらないところがあったのです。それであれば我々は独自の道で行こう、何もそういうところで競争することはないと。それで人々の健康に貢献するとは何なのかをより広い視野で考えました。その果てに医食同源だから口に入れるものはいくらでもあると思い至ったのです。

―捉え方が違ったと。

そう。もともと私は薬屋ではなく商社マンでしたから。大学も経済学部出なのです。薬学をやっていたらまたちょっと違った経営判断を下したかもわからないですけど。確かにあのときは業界でも騒がれましたからね。でもあの時の決断があるから、今もこうして生き残っている。

医療用薬品事業を田辺三菱製薬に製造権・販売権とも承継譲渡

1999年、その頃取引先である旧東京田辺製薬が三菱化学と合併して三菱東京製薬（現：田辺三菱製薬株式会社）となり、資本や組織の新体制が整えられつつあった。それは同社の製品がどうなるのか不透明な状況になったことを指していた（旧東京田辺製薬への売り上げ依存度は一時30％近くを記録したものの下がる傾向になっていた）。

そこで中谷氏は同年、田辺三菱製薬に医療用薬品の製造権や販売権を承継譲渡することを決心する。もちろん簡単にいくような話ではなく、そこには多くの苦悩があった。

―社長に就任してから、これまでに苦労したことは？

医薬品の事業から切り替える時ですね。事業とともに医薬品部門の従業員を手放さなければならなかったからです。多くの従業員に他社の医薬品メーカーに移ってもらいましたしね。

―医療用薬品事業を手放し、天然植物成分を扱う『薬粧部』が中心となった。お茶以外の天然植物成分、竹や月桃はどうやって探したのか？

当社からというよりは、最近は企業の方からお話を頂くことが多いです。それで一緒に開発

竹由来の成分を使用した除菌剤は、食品や食器にも使用が可能。

をしましょうと。

―中谷社長が白井松新薬に入社した頃、お茶だカテキンだと世間的に騒ぐ状況は何もなかったのか？

今から30年近く前の話でしたからね。そういった点では、当社が今日の健康志向の高まりに微力ながらも影響を与えたと自負しています。

―最初のカテキンを応用した製品はいつ？

帝人さんの「消臭ワタ」というこたつの掛け布団とか布団製品が最初です。ワタに当社の抽出したカテキンとかポリフェノールをつけたもの、それが最初のヒット商品になりました。もう一つはチューインガムやキャンディといった食品関係です。それこそ色々なところにご利用頂きました。

オフィスなどに置かれる観葉植物にも、消臭剤として同社の原料が吹き付けられている。

―お茶としてカテキン何パーセント以上と謳っているお茶は大手化学メーカーしか出していない。あれは普通に煎じたら出ないようなお茶のカテキン量が入る特許をそのメーカーがたくさん取っているからと聞いたことがある。応用特許というか。カテキンが何パーセント入っているというような特許を全部おさえているので他のメーカーが作れないと聞いているが。

そうですね。当社が提供している企業もあります。また、当社が提供する原料としては、ペット用消臭製品にも幅広く活用いただいております。

「人間の健康に貢献をする。快適な生活のための可能性を追求する。だから安全な自然植物から作った原料を世の中に普及させる。これが白井松新薬株式会社の理念です」（中谷社長）

―最後にこれまで幾度の困難を乗り越えてきた、御社ならではの強みとは？

当社の強みは「バカ正直」なところ。まさに我々がいつも話しているのは近江商人の「三方良し」の心得です。売り手良し・買い手良し・世間良しの三方良しの精神が、近江の地、滋賀の研究所を元に全社員へ根付いていると思っています。

世の中に多大なる貢献をしている独自技術

今日、消臭の効能を活かす製品は一般的な消臭剤だけではなくなった。法人の事務所に見られる観葉植物やエアフィルターにも同社の原料が吹きつけられているという。

また、約10年前からノーベル賞候補に挙がっている光触媒の権威・藤嶋昭氏（化学者）から連絡を受けて共同研究も実施。主に技術の開発関係に携わり、製品に活用する「安全・安心」な原料を生み出すことができたという。

白井松新薬の市場は国内だけに留まらず、取引会社との関係からドイツやイタリアなどを中心にEU諸国へ向けての輸出も行っている。特に昨今はおむつ関連商品が随分と売れているようで「高吸水性ポリマー」、いわゆるSAP（スーパーアブソーベントポリマー）というおむつ関連や生理用品の原料を手がけている。同製品は化学品製造企業などを通じて世界中に提供されている。吸水ポリマーの中に、消臭関連の技術が活かされているので、匂いを漏らさない仕上がりになるということだ。

◇

大手メーカーに原料を提供することで安定した経営を実現することができた同社。「食」の喜びや楽しみ、そして医薬品や健康食品などを通じて、人々の健康で豊かな生活に貢献し、清潔で快適な生活のための可能性を追求する。これが同社の理念だ。

この「人々の健康に貢献する」という視座に立ったことで、病院向け医薬品事業に固執することがなくなった。中谷氏が語るこの言葉には多くの企業が学ぶべきヒントがある。

現在、白井松新薬ではスペイン、イタリア、チリといった国からワインなどの輸入事業も手広く手掛けている。多くの苦難を乗り越えながらも自身の信念を貫き、大胆な舵取りを行なってきた中谷氏。気丈な決断を下した者にのみ与えられる美酒がそこにはあった……。

◉プロフィール

中谷榮志氏…1940年9月大阪府生まれ。同志社大学経済学部卒業後、株式会社大沢商会を経て、白井松新薬株式会社に入社。代表取締役社長として現在に至る。

経常利益や可処分所得の1%相当額以上を社会貢献活動に支出する「日本経団連1%クラブ」の創設メンバー。また、2009年12月にCO2排出削減モデル事業所の協定を嘉田由紀子知事と締結。地球温暖化の防止に向けて取り組んでいる。

◉白井松新薬株式会社

所在地：東京都中央区京橋2丁目7番14号

TEL：03-5159-5700

HP：http://www.shiraimatsu.com/

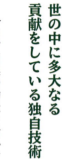

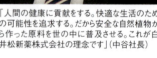

「核心を、突け。」

Webマーケティングのプロ集団「ベーシック」がスローガンを変えた理由とは？

「機微を感じるセンスを磨く」株式会社ベーシック社長・秋山勝が語る「問題」を捉えるチカラ

信頼する情報筋から、連絡が入ったのは9月の頭だったか。「この会社は面白いよ。伸びるから、ぜひ見てきたほうが良い」。そこで勧められたのがベーシックだった。あまりに平凡（ベーシック）な名前すぎて、浅学菲才で情報に疎い筆者は、勢いのあるベンチャーなんだろうぐらいにしか理解していなかったが、調べてみれば、よく見るサイト「ferret（フェレット）」の運営会社だった。

ferret とは？

さて、このferret、知っている人も知らない人もいるだろう。一言で説明すると、Ｗｅｂマーケティングの「いろは」が学べるサイトである。「オウンドメディア」なんて言葉が叫ばれる昨今。多くの企業の経営陣が自前でメディア機能を取得しようと躍起になっている。「ウチもメディアを持とう。ついては、○○君。君が担当になってくれ！」。そこで指名され困った○○君が、あれこれ調べるうちに辿り着くサイトがferretである。要は、Ｗｅｂマーケティングに関するお役立ち情報が数多く掲載されており、色々な用語やHow toを調べるたびにferretの該当ページが開かれるといった次第だ。

運営するベーシック社とは？

説明が長くなったが、ベーシックの事業は多岐にわたる。ferretの他にも、引っ越し、留学、フランチャイズといった、さまざまなジャンルの比較サイトの運営を行っている。そして、それだけに留まらない。２０１３年にはシンガポールで現地法人「ジャパンフードカルチャー（ＪＦＣ）」を設立し、讃岐うどん専門店をオープンさせている。他にも、スマホケースのＥＣサイト「phocase」なども展開。

ちなみに、この9月に新しいスローガンを掲げている。ズバリ「核心を、突け。」。全社一枚岩になって、シンプルに本質を突いていこうとの気概が込められているという。

伸び盛りの会社だから色々多角的に展開しているんだろうという印象だが、このベーシックの根っこのベーシックな部分に何があるのか、それこそ核心を突きたくなって、代表の秋山勝氏に話を聞いてきた。自らを「問題解決の専門家集団」と定義するベーシックの企業物語だ。

原点は小学四年生

創業は11年前の２００４年3月。未だネットを利用した広告という仕組みが定まっていない黎明期。創業者の秋山勝社長はＷｅｂマーケティングに「問題解決」のためのツールとしての大きな可能性を見出していた。その原点を辿ると、少年時代にまで遡れるという。

「あれは小学校四年の頃だったかな。『勉強する意味』を担任に訊いたら、すごく怒られた。そんなのはナンセンスだ、と。それがどうにも解せなくて印象に残っているんです」

パチンコ・ギャンブラー時代

幼い頃をそう述懐する秋山社長は、今まで紆余曲折のある人生を歩んできた。「全く勉強しなかった。否、する気になれなかった（笑い）」と語るように、中学時代の成績はほぼオール1。典型的な劣等生だった。社会に目を背け、お決まりのようにギャンブル、特にパチンコにのめり込んでいった。ただ、秋山社長がロジカルに物事を考えるクセはこのギャンブル時代に芽生えたものらしい。

「勝ちたかったからデータを集めて、ロジカルに考え、法則性を見出そうとしたんです」

パチンコでロジカル・シンキング!

一定の法則性が分かれば今度は他の店でも応用してみる。自分がイイな、勝てるなと感じた時は、何故勝てると感じたかを分析。しかし、その程度なら本気のパチンコ好きなら誰でもやっている。

しかし秋山社長は、勝ち負けのボラティリティをどう解消するかまで考えるようになっていたという。どうして勝てるか、ではなく『どうして負けるのか』を考える習慣。勝つために打つのではなく、「負けないように打つ」こと。そこまでロジカルにモノを見れる突き詰め方が経営者になってからの経営観にも現れている。

そんなこんなで結構勝てるようになったそうで、パチンコだけで生計を立てられるようになった。その生活が4年半続いた。しかしある時、パチンコ漬けの生活に別れを告げ、社会人として一歩を踏み出す決意をする。

「周りの人から何か言われた?とか聞かれるが、そうではない。ふと自分に我慢できなくなったんです。パチンコで食べていける生活は楽しいだろうと思っていたが、実際にそれを手に入れたら、想像していたように楽しいものではなかった(笑い)。単純に、自己肯定ができなくなったのが就職した理由です」

遅まきの社会人デビュー

それでまず飛び込んだのが「決まっている商品はなく何でも売っていい」という商社。創業17年ながら社員が5人しかいない小さな会社で、社会の厳しさを肌で感じる日々だった。しかしそこでもパチンコで培った考えるクセで、難局を打開する。

「商売とはモノを売った、という過去形で考える人がほとんど。商売では、価値の対価として金銭を得ている。では、お金を払うということはどういうことか、ということを考えました。価値さえ提供できれば、人は1億円でも払うだろうし、逆に提供できなければ1円すらも払いたくない。売上が立てば何を売ってもいいというスタンスの会社でしたので、クライアントの考えることを先回りして考えるようにしてみたんです。この時期ならこんな問題が起こるよな、そうしたらこんなモノを欲しがるのでは、と。そうしたら成績は良くなりました」

起業前夜

次に仕事をしたのはITベンチャーの物流倉庫の立ち上げ。本当に倉庫しかないところに一人で行き、6カ月後にはそこを拠点として中古CDの再利用をして流通にながす、というもの。常時100人の人を働かせないと回らない仕事だった。

「そこで人を使うこと、一つの目標に向かって力を合わせるようにしむけるには、どうしなければならないのかを学ばせて頂いた」

その後、お世話になった会社役員に招かれて広告代理店のプロジェクトに参加。主要メンバーとして精力的に取り組む中で、ある思いが強くなってくる。

「新しく扱いたい商品を探して様々な企業や人の話を聞くうちに、自分も経営の世界に飛び込みたくなったんです。当時、置かれていた環境には恵まれていました。やりたいことをやらせてもらっていたし、部下にも上司にも恵まれていました。二人目の子供も生まれるタイミングでした。給料もいい。……でも思ったんです。このままだと自分の人生は保身に走ってしまうなと。恵まれすぎて、何もしない人間になってしまう。それは何か我慢がならなかった。家族も賛成してくれました。だから独立したんです」

*

ベーシック創業後は、培ってきた「問題解決」の力で事業は拡大。そしてこの度新しいスローガンを掲げるに至った。ベーシックのHPに掲げられた「核心を、突け。」の文字。ここに込められた思いとは? 秋山社長にインタビューした。

「Webマーケティング力で世の中の問題解決をする」

—9月にスローガンとロゴを変えました。新スローガン「核心を、突け。」に込めた思いとは?

もともと、問題解決していくというのが僕らのビジネスをするうえでの軸になっています。それを言葉として究極的に凝縮していった先に行き着いたのが、「核心を、突け。」。問題の核心を突こうよ。それが突けていれば、物事は勝手に動き出すという思いを込めています。

あわせてコーポレート・アイデンティティを変えたのも、よりそこにシャープに向き合いたかったから。今までは、どこか牧歌的な楽しさを重要視していたのですが、今後はよりシャープに核心を突ける組織へと変貌させ、エッジを立たせていきたいなと。

—核心をの「、」や突けの「。」は？

ここはね、コピーライターさんの仕事なんですが、より効果的に見せるためです（笑い）。ないとスラスラと読めてしまうので。

—ベーシックは様々な分野に展開し、現在売上100億円を目指して積極的に活動している。その活動の理念を秋山社長は「問題解決」と話しているが、その「問題」はどのように見つけているのか？

大事なことは『心の機微を見逃さない』ことと思っています。日常の中でふとした問題に気づけるかどうか、そしてすぐ行動に移せるかどうか。例えば、エスカレーターに乗った時速度が違ったとして、そういう些細なことに違和感を持ち、そこに「何故」を感じられるか、そういった感覚の鋭敏さが「問題」を見つけることに繋がっていきます。

先日、ファミリーマートのコンビニのコーヒーを手に取り、「高級感がある」と感じたんです。この高級感は何処に基づいているのかと凝視したら、ストローが黒いからと気づいた。たったそれだけだが随分印象が違って見えたんです。こういう感覚が問題を見つけるのだと思います。

今やっているphocase（フォケース）というスマホ・ケースの事業は、2年で5億円規模まで成長しました。この事業のきっかけは電器店に行った時に、iPhone用のケースはたくさんあるのに、Android用は全然ないことに気づいたことから。考えてみれば、iPhoneは2年間は形が変わらないが、Android携帯は製造されている期間が短い。だからケースなどの商品が少なくなる。Androidユーザーもオシャレがしたいのに、買ってからiPhoneのようにオシャレができないことに気づく。ここに商機を感じたんです。

—そのような視点を持って事業を展開してきた秋山社長だが経営上の苦労とは？

組織のリーダーは皆そうだと思いますが、苦労の多くはやはり人事です。問題の本質に気づいていないメンバーの意見を取り入れて、上手くいかなくなったことがありました。しかし、それはメンバー本人の問題ではなくそれを許した経営者側の問題。社員数が多くなってくると、会社の目指すヴィジョンを社員全員に共有し、共感させられるわけではありませんから。

経営者はどうしても、仕事ができる社員のことは目をつぶってしまうところがあります。そうすると組織はグラついてしまう。個人の自己実現の夢が叶うのがいいと思って自由にさせていたこともあったが、組織という視座で考えると、それは間違っていたと思う。目指すものが違えば叱ることも必要だし、袂を分かつことも時には必要です。

—では今の考え方は？

シンプルで明確なヴィジョンを経営者が社員に示すこと。私も最初から売上100億という数字を掲げていれば、それに向かって邁進するようになり、もっと早く達成できただろうと思います。

経営者の役目としては、未来に期待することがメンバーには必要だという観点から、ヴィジョンを明確にし、社員全員がそこに描いた像に向かえるように導くこと。そして様々な事業部のメンバーがそのヴィジョンと繋がっていくようにしていきたい。

また、そういう考えを持って取り組んでいかないと、今が良くてもいずれ上手くいかなくなると思うのです。

「今日より明日がより良くなる」

—ポータルサイトは次々と新しいものが産まれている。業界の今後の展望は？

元々、興味があったのはターゲッティングで、これが明確であれば成功するという確信がありました。以前はポータルサイトも総花的なものが多かったが、だいぶ環境は変わってきた。問題をピンポイントで解決できれば効率がいいし、多くの人もそれを求めている。そのコンセプトで作ったのが比較サイトでした。

—秋山社長の目指す先とは？

具体的なミッションとしては、Webマーケティングの大衆化に取り組むこと。これから何をやるにもWebマーケティングの視点は必要。ただそのノウハウを我々だけが理解し、それをコンサルティングという形で提供することには興味がない。そういうものに頼った事業形態を作りたいわけではないのです。

私たちが今まで事業を推進して実地で得た経験をカリキュラム化して提供していく。知識と機能と手間を提供できる状態を作っていきたい。分からないから踏み込んでみる、という挑戦的な事業者の一助になりたいと考えています。

—ありがとうございました。

◉プロフィール
秋山勝（あきやま・まさる）…1972年東京都出身。高校卒業後、商社での営業職、ITソリューション受託会社の物流センター立ち上げ、広告代理店での新規事業立ち上げ等を経て、2004年㈱ベーシック設立。主力サービスのWebマーケティングポータル「ferret」は会員数29万人超。2013年2月にはスマートフォン用ケースブランド「phocase」、同年3月にはシンガポールにて本場讃岐うどん店「たも屋」をオープンするなど、Webマーケティング力を強みにユーザー視点かつスピーディなサービス展開を行う。

◉株式会社ベーシック
〒102-0082 東京都千代田区一番町17-6 一番町MSビル1F
TEL：03-3221-0311　http://www.basicinc.jp/

会計事務所の事業承継とM&A

◆文：岸田康雄（事業承継コンサルティング株式会社／公認会計士・税理士）

税理士の高齢化が急速に進み、会計事務所の事業承継問題がクローズアップされてきている。従来は、子供（親族）に税理士資格を取らせて後継者とすることが事業承継の基本とされており、子供が税理士資格を取得できなかった場合には、実質的に廃業という選択肢が採られてきた。

ここでは、会計事務所の廃業を避けるため、事業承継の新たな選択肢として近年増えてきている「会計事務所のM&A」を採り上げる。

税理士の世代交代の時期の到来

日本税理士連合会の税理士実態調査によれば、「60歳以上」の税理士の割合は5割を超え、高齢化がピークに達している。つまり、税理士業界では、税理士の2人に1人が引退の時期に近づいた高齢者なのである。また、税理士業界では、開業税理士が全体の8割を占めているため、引退する税理士の増加に伴い、残された税理士業務をどのようにして次世代へ引継ぐか、税理士の事業承継問題が深刻化してきているといえる。

表舞台に出てこなかった会計事務所のM&A

大手監査法人や大手税理士法人（ビッグ4）は、その業界再編に伴い、大胆なM&Aが進められてきたことは周知の通りである。しかし、これは会計事務所の規模拡大を目的とした戦略的なM&Aであり、事業承継問題に起因するM&Aではない。

これに対して、事業承継問題に起因する個人事務所のM&Aは、あまり一般には知られていない。これは、個人事務所のM&Aは、その取引事例が公表されずに秘密裡に行われてきたからである。しかし、表舞台には出てこなかったものの、個人事務所のM&Aの案件数は、ここ数年の間に急速に増えてきているのである。

これまでの会計事務所の親族外承継

これまで、会計事務所の事業承継は、子供（親族）に税理士資格を取得させて事業承継するケースがほとんどであり、親族内承継が事業承継の基本であった。また、子供が後継者とならない場合は、所長の引退とともに廃業し、その業務（顧客関係）を無償で他の税理士へ引継ぐという親族外承継が業界慣行であった。

親族外承継を行う際、後継者として第一に考えられたのは、最も信頼できる所内の職員である。既存顧客のことを理解している職員に税理士資格を取得させ、税理士業務に引継がせてやったのである。また、同じ税理士会支部に所属する他の税理士へ承継されることもあった。これは、支部の会員同士でお互いに顧客を融通し合うことによって共存共栄を図るという文化がその背景にあると考えられる。

いずれにせよ、つまり、会計事務所の事業を〝有償〟で売却するという手段（M&A）が用いられるケースはほとんどなく、親族内承継に失敗した税理士は、長年の間に蓄積した貴重な業務（顧客関係）を無償で手放していたのである。

そうはいっても、ごく稀に有償で会計事務所が売却されるケースも存在していたが、事業会社のM&Aとは異なり、会計事務所の事業価値の相場が形成されていなかったため、取引価格をどのように評価してよいかわからないという問題があった。しかし、現役時代を通じて十分に稼いできた税理士は、もはや引退した後にお金が欲しいという気持ちがあまりなく、買い手となる税理士の希望する比較的低い取引価格に応じるケースが多かったようである。

以上のように、これまでは会計事務所のM&Aが実施されるケースは少なく、親族外承継の有効な手法となることは一般に知られていなかったのである。

会計事務所の事業価値源泉は顧客関係

会計事務所の主たる収益源は、税務顧問（記帳代行、決算申告）である。顧問契約を締結すれば、毎期継続的に、極端に言えば半永久的に顧問料収入が入ってくる。それゆえ、この顧問契約を結んだ顧客関係こそが、会計事務所の事業価値源泉だといえる。

しかし、税務顧問という業務の価値は、以前と比べて小さくなってきているのである。会計システムの導入支援が大流行した昔とは異なり、現在ではどこの会計事務所が提供してもほとんど同じサービス内容となってしまったのである。つまり、会計事務所のサービスが競合他社と同質化してしまい、差別化できなくなってしまい、その結果、顧問料収入の収益性が低下しているのが現状である。

この点、資産税や経営コンサルティング業務などの周辺業務で付加価値を出さない限り、税務顧問だけでは会計事務所の競争力を維持、向上させることは困難だという意見も多い。新しいサービスを開発しなければ事業価値は向上しないという意見である。

しかし、このように同質化したサービスしか提供されていなくとも、会計事務所の顧客は、他の会計事務所に切り替える煩雑さが阻害要因になり、他の税理士に契約を切替えようとはしない。税理士を切り替えようとすれば、一から事業内容や経理方法を説明しなければならず、また、税理士との個人的な信頼関係の構築に時間と労力がかかり、煩雑だからである。

ただし、業績悪化に伴い、顧問料の引下げを実施するケースが著しく増えてきている。また、新たに契約する顧客の顧問料は、年々下がる一方である。

その一方で、会計事務所の立場においては、恵まれた状況がある。例えば、多少の税制改正があっても、提供する業務や仕事内容が大幅に変わるようなことはない。会計事務所が業務の品質向上を図るために、自ら業務革新に取り組む必要もないし、安い給料で職員を雇うことができる雇用環境のもと、人件費などコスト削減に取り組む必要性にも乏しい。

以上のように、市場競争が厳しくなってきてはいるものの、一度、顧客との顧問契約が締結されてしまえば、会計事務所は、長期安定的に顧問料収入を生み出す事業である。もちろん、その事業価値は昔ほど大きいものではない。

しかし、事業価値源泉（顧客関係）さえ毀損させなければ、税理士の事業として十分に成り立つものなのである。一般の事業会社が、デフレ経済、円高、国際競争という厳しい経営環境の中で戦っている状況とは雲泥の違いである。

そうは言っても、既存顧客に対して何もしないでよいというわけではない。一般的に、新規顧客の獲得方法は、既存顧客や提携先からの紹介であるといわれる。顧客を増やすためには、所長税理士が幅広い人脈を作り、顧客の紹介を受ける機会を増やす営業活動によって行われることになる。

また、既存顧客との関係性維持のためには、所長税理士の人間性など属人的要素が重要になる。例えば、ゴルフや飲み会などによる交際関係が、長期的な関係性維持のための重要な手段となる。

このように、属人的な営業方法で顧客関係を維持できること、言い換えれば、業務の品質向上や価格競争で営業を行う必要がないことが、会計事務所が置かれた経営環境であるといえよう。

とすれば、顧客関係を維持するという重要な役割を果たす所長税理士が引退するということは、既存顧客を失い、会計事務所の事業価値を一気に毀損させる危機的状況を意味する。

このことから、会計事務所のM&Aを考える場合、売り手の所長税理士によって構築された既存の顧客関係をどのように買い手に承継するか、これが会計事務所の事業価値を承継する際に最も重要な課題となる。

●プロフィール
岸田 康雄…公認会計士／税理士／中小企業診断士／国際公認投資アナリスト
■ キャピタル・アセット・プランニング株式会社
■ 島津会計税理士法人東京事務所
■ 事業承継コンサルティング株式会社

〈問い合わせ先〉事業承継コンサルティング株式会社
TEL 03-3527-9033
Email tokyo@kishida-cpa.com
http://kishida-cpa.main.jp/

㈱ZUU◆冨田和成

オンラインとオフラインの融合「オムニチャネル」とは

オンラインとオフラインを融合させて売上アップを図る施策やサービスが誕生しています。日米の企業の事例をもとに、その現状と可能性を見てみたいと思います。

GAP「リザーブ・イン・ストア」と無印良品の例

アメリカのアパレル小売「GAP」（ギャップ）は2014年から、オンラインストアで販売している商品の店舗での在庫状況を確認できる機能を追加しました。テストの結果を受けて機能を拡大し、気に入った商品を取り置きできる「Reserve in Store（リザーブ・イン・ストア）」を始めています。

日本でも無印良品が似たサービスを取り入れています。オンラインストアで検索した商品の実店舗での在庫状況がすぐ分かります。オンラインで注文して希望する店舗で受け取ることもできます。数百円の低価格商品一つでも対応しています。

このような仕組みは「オムニチャネル」と呼ばれます。顧客にとってのすべて（オムニ）の接点（チャネル）を境目につなぐ環境を作り上げることです。店舗でもオンラインでも購入でき、受け取り場所も店舗や自宅、コンビニにもできます。企業は販売機会を逃すことなく最大化できます。

最初に宣言し実行したのは、米国の大手百貨店メイシーズといわれます。一連の販売プロセスを一元管理するため、ITシステムの構築、社内組織の再編、販売するスタッフの理解と意識改革の教育に多大な投資を行いました。その結果、ロイヤルカスタマーが増え、在庫も劇的に圧縮。売場の効率化が進み、業績は見違えるように改善しました。

セブン&アイも参入 オムニチャネルの本質とは

日本でのオムニチャネル関連のトピックといえば、セブン&アイ・ホールディングスがオムニチャネル「omni7」を始めたことでしょう。構想発表から始動までに時間がかかりましたが、2018年にオムニチャネルの売上高を1兆円とする目標です。

オムニチャネルとしてのブランドの確立と、扱う商品のバリエーションを考えた場合、omni7のロイヤルティーは何にもとづくことになるのでしょうか。

多様なカテゴリーと商品を扱うという点では、競合は楽天とアマゾンでしょう。楽天は約1億点という最大の品揃えと個々の店舗を超えた横断性が、アマゾンは約5000万点の商品の検索の利便性、リコメンド機能、アマゾンプライムでの顧客満足など、ブランドと便利さの両方を既に確立しています。

omni7はこれらの点で対抗する必要があります。2018年度には約600万品目の品揃えを目指すとしていますが、それでも楽天とアマゾンに見劣りしていることになります。

スタートしたばかりのomni7にとっての課題は、便利で魅力的なポータルとしての「ブランド」を早く、強く確立すること、それを支える顧客の便利さと期待に応える機能、マーケティングとして潜在顧客の掘り起こしや認知の獲得などでしょう。

オムニチャネルの本質と差別化のポイントは、「顧客にとって便利で魅力的」であることに尽きるのではないでしょうか。便利で魅力的なブランドとして認知されるとともに、ロイヤルティーを高める仕組みやサービスを提供することです。

在庫管理や販売チャネルの境目のないシステムの構築、商品の多様性などは、実はそれらを支える企業側の技術的な側面にすぎないのです。

●筆者プロフィール／冨田和成
企業経営のための専門サイト経営者onlineを運営している。
参考：経営者online
http://keieisha.zuuonline.com/
大学在学中にソーシャルマーケティングにて起業。2006年に一橋大学を卒業後、野村證券株式会社に入社。支店営業にて同年代のトップセールスや会社史上最年少記録を樹立し、最年少で本社の超富裕層向けプライベートバンク部門に異動。その後シンガポールへの駐在とビジネススクールへの留学やタイへの駐在を経て、本店ウェルスマネジメント部で金融資産10億円以上の企業オーナー等への事業承継や資産運用・管理などのコンサルティングを担当。2013年3月に野村證券を退職し、2013年4月株式会社ZUUを設立、現在に至る。
〈お問い合わせ先〉info@zuuonline.com

早く 安く 簡単 に 特許を出願する方法。ただし、荒技！

西郷国際特許事務所 所長／弁理士◆西郷義美

ある中小企業の開発者から相談を受けた。

新たに開発した製品に関する特許出願だが、製品は売れるのか不明、取っても使える特許なのか不明、だという。そんなこともあり、出願に金は掛けられない。その上、ある企業への売り込みのため、数日後にプレゼン（公表）が控えている、と言う。

つまり、早く、安く、簡単に、自分で特許出願をする方法は無いか、とのムシのいい質問である。

うーんとなって、無い知恵を絞った。

質問者は、技術力もあり、ある程度の技術資料の読み込み能力・表現能力もあるので、これは行けるかもとの期待はあった。

私は答えた「ある！」。

ただし、それだけ、荒技であり、綱渡りである。危険を承知でやる覚悟があれば、無いことは無い、と答えた。

だが、うまくやれば、相当な効果を発揮するはずである。

つまり、出願日を確保する緊急避難的な方法である。

ただし、漏れのない強い権利の取得という観点からは、非常にリスクの高い方法である。

その概略はこうだ。

文の巧拙はともかく、内容が十分であれば良い。それを急いで出し、後日、特許化が必要になったときに、有利な出願日を確保したものを引っ張り出して、可能な化粧を施すのである。この化粧は、本格的に弁理士にお願いする必要があろう。

以下に、なるべく簡単に、その方策を説明する。

＊

特許出願では、以下のような「必要書類」を提出する必要がある。

「特許願」…これは、発明者、特許出願人、代理人を特定するためのものである。

「明細書」…特許を取得する発明の技術内容の具体例を詳細に説明したものである。これには、第三者が実施できるように発明を公開し技術を普及させる役目がある。

「特許請求の範囲（請求項）」（「クレーム」とも言われる）…特許を取得したい発明の内容を書く。つまり、特許取得後は、権利範囲を定める役目がある。

「要約書」…発明の概要をシンプルに書いてあり、特許内容の把握・検索を容易にする。

「図面」（必要に応じて添付する）…発明の理解を容易にする働きがある。

特許出願の重要事項は、他者よりも早い出願日を確保することである。

そこで、上述の必要書類の作成は、手持ちの開発資料文献から、コピペ（切り貼り）するのがよい。

以下のように作る。

「特許請求の範囲」は、開発資料文献の要約等をコピペし作成する。後で補正するので、ここはあまり神経質でなくて良い。

「明細書」は、開発資料文献のほぼ全内容をコピペする。内容の重複は避けるが、省略すぎないようにする（ここは重要）。

「図面」は、開発資料文献中の重要図面をコピペする（漏らさずに。これも重要）。同時に、「明細書」中で、その図面の内容を説明する。

「要約」は、資料の要約をコピペする。

上記の論文とも言うべき技術内容部分とともに、方式的に必要なものは、**「特許願」**である（特許庁のHPなどやネット内で探せる）。

つまり、**【書類名】**、**【発明の名称】**、**【技術分野】**を記載するとともに、**【0001】**の後に、資料に記載の技術内容を記載すれば、特許出願書類としての、方

式的な形は完成である。これで、出願は受け付けられ、出願日を確保することができる。

＊

ここまでで、緊急避難的な出願が完了した。が、まともな特許権とするためには、より高度な整備が必要である。その特許出願を生かし続ける必要、つまり、会社にとって重要であることが判明したときにやるべきことがある。

つまり、最低限の様式を整えた出願は、「方式的に不備がないが、取りあえずの内容は含まれている」だけの出願であって、漏れのない、充実した強い権利を取得するためには、やるべき事がある。

(1) 特許出願の補正が必須である。

(2) 国内優先権制度の活用が必須である。

(3) 分割出願の活用も考慮する。

(4) 新規性喪失の例外規定の適用も視野に入れる。

(5) なお、最初の出願で実用新案出願も可能であり、そのメリットがあれば活用する。

出願した後、明細書、特許請求の範囲または図面を補正することが可能である。

しかし、補正は、願書に最初に添付した明細書、特許請求の範囲又は図面に記載した事項の範囲内においてしなければならない。

その理由は、

(1) 出願当初から発明の開示が十分にされている出願と、されていない出願との間の取扱いの公平性を確保する必要がある。

(2) 出願時の発明の範囲を前提として行動する第三者が不測の不利益を被ることのないように、先願主義の原則を実質的に確保する必要からである。

つまり、このために、上述した緊急避難的な出願をする場合であっても、後に補正で対応することから、最初の明細書中に、十分な発明の開示を考慮したのである。

そして、国内優先権制度とは、すでに出願した自己の特許出願の発明を含めて、より包括的な発明として特許を取得可能とする制度である。優先権を主張して先の出願から1年以内に特許出願をする場合には、その包括的な特許出願に係る発明のうち、先の出願の出願当初の明細書、特許請求の範囲又は図面に記載されている発明について、新規性、進歩性等の判断に関し、出願の時を先の出願の時とするという優先的な取扱いを認めるものである。つまり、優先日、出願日の有利な確保が出来るのである。

なお、先の出願に記載された事項は、先の出願日が審査の判断における基準日となる。しかし、先の出願後に、新たに追加した事項（後の出願などで）については、後の出願日が基準となる。

そのため、後の出願で新たに追加された事項が、先の出願後に他の文献等により公知となった場合は、新たに追加された事項について、新規性・進歩性が否定され、拒絶されるおそれがある。

また、後の出願が、発表から6カ月を超えて行われた場合、新たに追加された事項については、特許を受けることができないため、自らした発表の内容を根拠に、新規性・進歩性が否定されるおそれがある。

なお、何度も申し上げるが、このやり方は大変リスキーなやり方であり、いざという時のためである。しかし、活用する場面によっては威力を発揮する特許出願方法であり、これ自体が「大発明」かもしれない。

●筆者プロフィール／西郷義美

1969年 大同大学工学部機械工学科卒業
1969年－1975年 Omark Japan Inc.（米国日本支社）
1975年－1977年 祐川国際特許事務所
1976年10月 西郷国際特許事務所を創設、現在に至る。

《公　職》
2008年4月－2009年3月
弁理士会副会長（国際活動部門総監）

《資　格》
1975年 弁理士国家試験合格（登録第8005号）
2003年 特定侵害訴訟代理試験合格、訴訟代理資格登録。

《著　作》
『サービスマーク入門』（商標関連書籍／発明協会刊）
『「知財 IQ」をみがけ』（特許関連書籍／日刊工業新聞社刊）

●西郷国際特許事務所（創業1975年）
所長 弁理士／西郷義美　副所長 技術／西郷竹義
行政書士／西郷義光
弁護士・弁理士　西郷直子（顧問）
事務所員 他7名（全10名）

〈お茶の水事務所〉
東京都千代田区神田小川町2－8　西郷特許ビル
TEL 03－3292－4411　FAX 03－3292－4414

〈吉祥寺事務所〉
東京都武蔵野市吉祥寺東町3－23－3
TEL 0422－21－0426　FAX 0422－21－8735

Eメール：saipat@da2.so-net.ne.jp
saigohpat@saigoh.com
URL：http://www.saigoh.com/

長島寿恵の 健康コラム

●プロフィール／ながしま・ひさえ
青森県八戸市生まれ。東京薬科大学卒業。薬剤師、健康運動指導士、睡眠健康指導士上級、西東京糖尿病療養指導士、健康・食育マスター（財団法人日本余暇文化振興会認定）、日本メンタルヘルス研究コース終了。多彩な資格をもったユニークな健康づくり専門家として、全国で運動や、食生活、心の在り方の改善を提唱する講演活動を行っている。趣味：武道、ピアノ
★オフィシャルサイト「ヒサエ・スタイル」
http://hisae-style.co.jp/

今年の本ゴールの為に、日々のゴールが大切

新年明けましておめでとうございます。今年も宜しくお願い致します。

新しい年がスタートしました。毎年、月日の経つのが、どんどん早くなっていくような気が致します。

今年は、昨年より、より良い一年を目指してまいりましょう！


今年はどんなゴールを目指していますか？

（例）会社の事業の拡大

●今年の本ゴールを達成するための、朝のスタート（生き方）、夜のゴール（生き方）

	朝のスタート	夜のゴール
感謝の気持ち	「今日も自分の職域を通じて、精一杯、世の中、社会の為に働かせていただきたいと思います。宜しくお願いします」という決心。朝起きたらすぐの清い気持ちの時が良いでしょう。	「今日一日、無事に大きな間違いもなく、仕事を終えることができ、ありがとうございました。明日も宜しくお願い致します」。朝スタートの自分と、夜ゴールの自分を比べて、反省をします（横道にそれていないか、全力投球できたか、など）。
自然の力を頂く	太陽の光を受け、交感神経の働きが優位になり、やる気が出る。 うつなどを予防するセロトニンの分泌が良くなる。	暗くすることによって、お休みホルモンのメラトニンの分泌が良くなる。副交感神経の働きが優位になり、リラックス効果が高まる。
呼 吸 法	胸式呼吸 ラジオ体操のように胸を広げて深呼吸、交感神経の働きが良くなる。やる気が出る。	腹式呼吸 眠れない時や血圧の高い時、いらいらするときなどにお勧め。副交感神経が優位になり、リラックス効果が高まる。

日々のスタート　ゴール
↓
1週間単位で振り返り、反省して→次の一週間の予定
1カ月単位で振り返り、反省して→次の一カ月の予定

……というように、日々の単位から、週単位、月単位と、感謝、決心、反省と繰り返し実行していきます。これらがスムーズに進むためにも、睡眠や食事など生活習慣が大事です。特に睡眠は脳を休めるだけではなく、活性化します。明日、より良い活動をするために睡眠が大切です。

今年の12月31日が楽しみですね。

★1月より、お薬だけに頼らない、自然治癒力を高める、ヒサエ健康塾をスタート致します。
高血圧改善教室の1dayセミナーの詳しいご案内は、HPをご覧になっていただけたらと思います。

事業リスクをメリットに転換出来る究極の機会原価手法＝キャプティブ（4）

実践的な事業関係図から見るキャプティブ事業モデル

◉アジアパシフィックコーポレーション株式会社／弁護士　濵田憲孝

具体的事例の前に対象となる税率を挙げますと、日本の法人税率38％（現行普通法人税率から算定）、ミクロネシア連邦の法人税率21％、ミクロネシア連邦の子会社から日本の親会社に支払う配当金の税率1・275％となります。

配当金の課税は、日本親会社が一定の外国子会社から受ける配当を益金不算入とするもので、外国子会社利益の日本国内への資金還流を促進する観点から、外国税額控除による二重課税排除の方式に代えて創設された制度です。

制度の概要は、日本親会社が外国子会社から受ける配当は、その配当の95％が益金不算入とされ、日本の親会社により、発行済株式等の25％以上の株式等を保有されており、かつその保有期間が配当の支払義務が確定する日以前6カ月以上継続していることが要件となります。

従来のメリットであったタックスヘイブンの国々でも、実際の課税関係を課税率から算定すると、日本の法人税の重税感と、図では表現できませんが、他の諸外国の場合、設置した国の会計基準に準拠した会計帳簿を具備し、監査等のコストが多くかかる点、計算の通貨が、設置国の通貨で評価されますので、常に為替リスクを包含しているといえます。

ミクロネシア連邦の場合、親会社の機能通貨採用を許可していますので、会計上のコスト及び納付税額の為替リスクの問題がクリアされ、この点も有利に機能しているといえます。

財産移転キャプティブプログラム

財産の移転プログラムについて説明します。

キャプティブ保険会社は、リスク移転を目的にしますが、財務諸表の構成は、大半を準備金で構成され、保険会社を経由した、親会社の保険料で維持されます。

従って、親会社は損金経理で保険料を支払い、保険会社から払われる再保険料を収益計上し、そこから再々保険料等のリスクを移転するコストと運営費が控除されたものが利益として計上されます。（図1）

各ケースに於いて、M法人（Federated States of Micronesia）ミクロネシア連邦法人を意味します。

以上、各種法人を活用した場合の海外子会社メリットを法人税率にて確認できるよ

【図1】財産移転キャプティブプログラムの基本

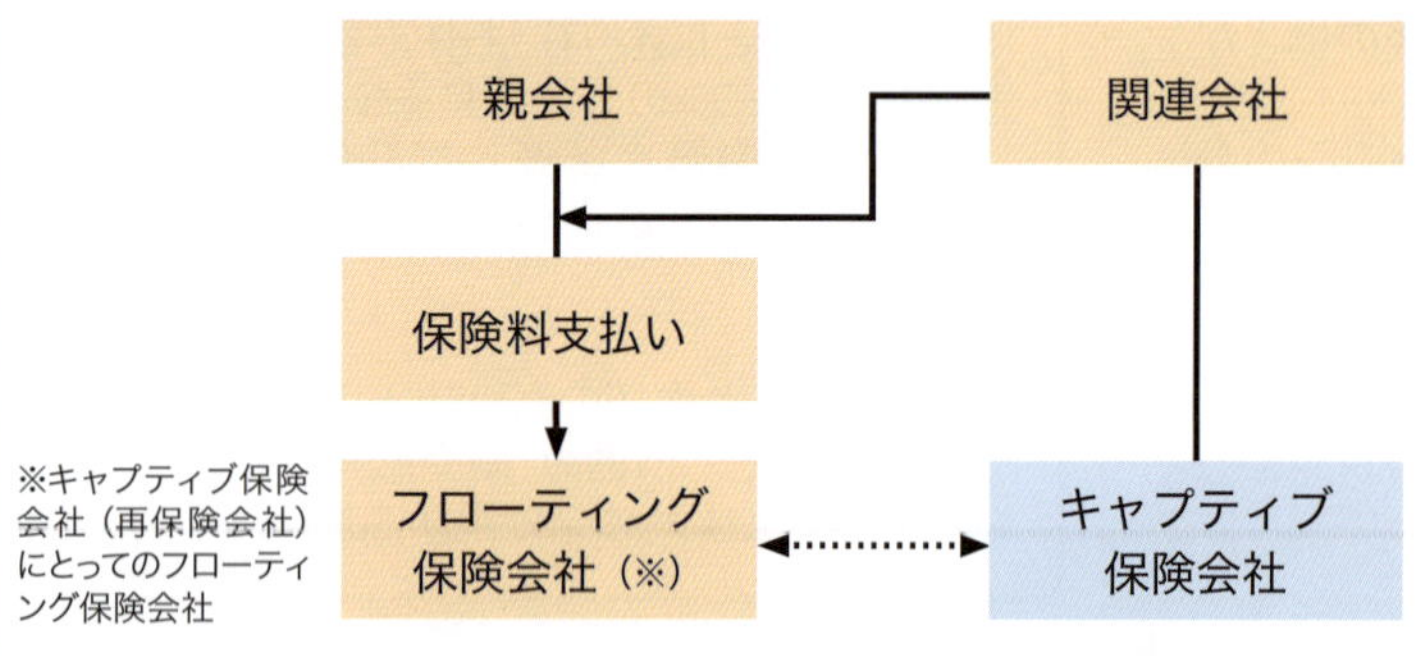

【図2】ミクロネシア連邦法人登記による税コスト削減効果

38.0%	日本で納めるべき法人税	1.275%
00.0%	ミクロネシア連邦で納めるべき法人税	21.000%
38.0%	法人税計	22.275%

軽減効果　15.8725%

うに各項目を整理しています。（図2）

タックスヘイブン国からの移動を必要とする企業の場合

有効性が喪失したタックスヘイブン国に支店を有していたものを、ミクロネシア連邦の法人を活用して税制的に有利な環境を構成するケースを図示します。

単純にタックスヘイブンでの日本課税は、利益（所得）に関して38・0%の課税税率が選択され、ミクロネシア連邦の22・275%との税率差が機会損失となります。

このケースについても、顧問の税理士及び公認会計士との判断を優先する必要がありますが、管理の点からもミクロネシアの存在は非常に有効な選択肢として機能すると思われます。

以下のケースは、新規にミクロネシア連邦法人を現金出資で設置し、海外支店の既存事業に関しては、適格現物出資で資本移転及び営業移転をする場合を前提として表現しています。（図3）

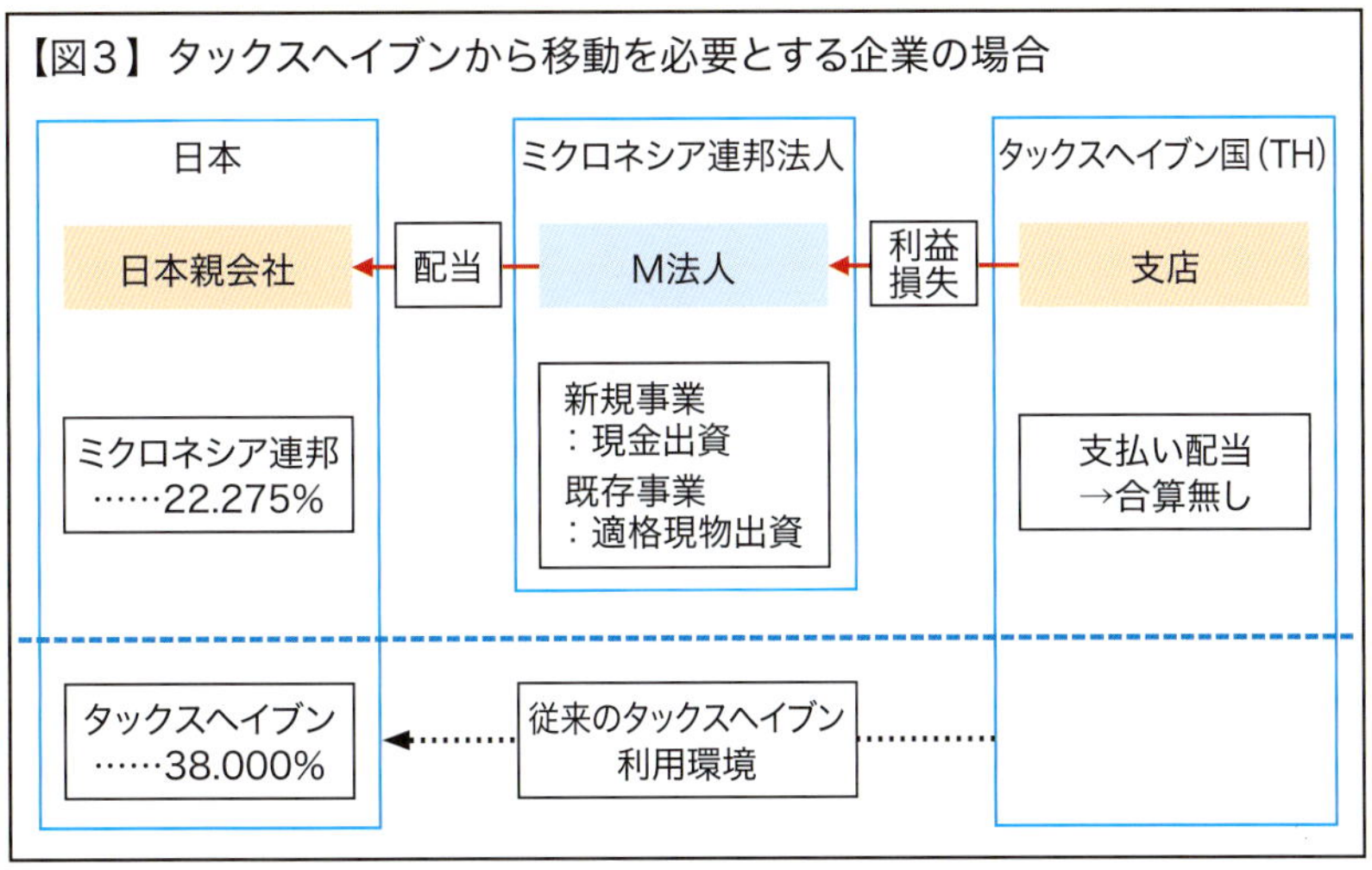

【図3】タックスヘイブンから移動を必要とする企業の場合

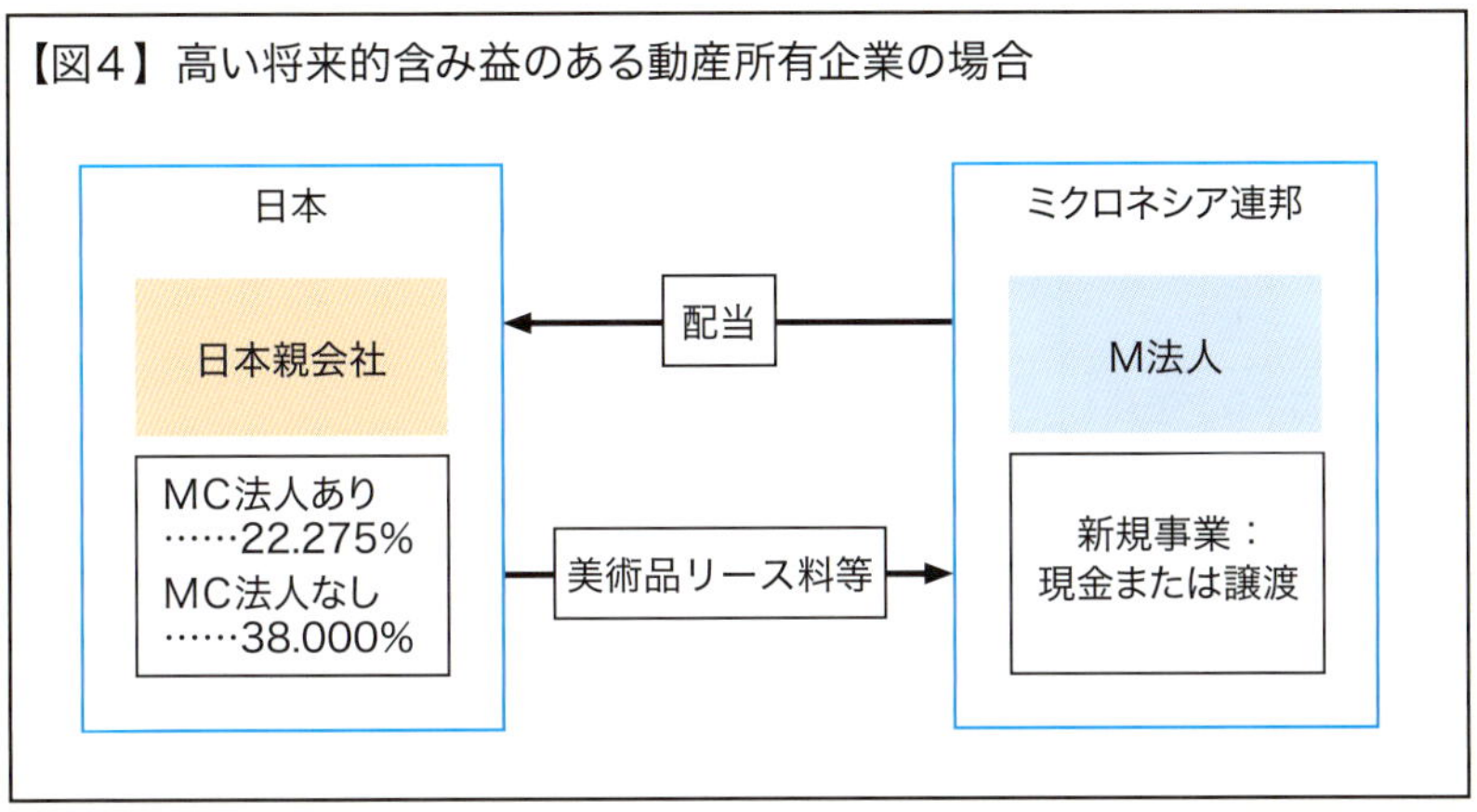

【図4】高い将来的含み益のある動産所有企業の場合

高い含み益のある動産所有企業の場合

美術品等の高い含み益のある動産を所有する企業に対して有効なM法人の活用方法を紹介します。

日本国内では書画骨董についての評価は、減価償却無しで決算を組むことになり、費用化することができません。

国内の関係会社から美術品等をリースで貸与した場合、リース収益に対して、38%の法人税率が課税され、グループ内での社外流出が非常に大きなものになります。

M法人を活用することで、特定の動産の賃貸収入を子会社で計上する場合、内部留保が非常に厚くなり有効な手段です。（図4）

知的財産所有企業の場合

知的所有権（工業所有権）を自社で研究し、登録する場合にM法人を活用するケースです。

通常の工業所有権の場合、自社で活用する場合には、特許の使用料等は発生しませんが、工業所有権をM法人に現物出資し、使用料を支払うことで売上高に見合う原価構成と、研究資金の確保が可能になります。

また、社会的に有効で活用したい他の法人が存在する場合を想定して、特許の開発（研究）はM法人より日本国内の別の法人に開発、研究費として拠出して、工業所有権をM法人で保有し、ライセンスに基づく使用料は、M法人の22・275%の法人税率で課税されることで内部留保が可能になります。

考え方的には、工業所有権の開発は、ミクロネシア連邦をプロジェクトマネージャーとして位置づけ、コストと工業所有権を集約することで、使用料収益に関する課税関係が圧縮できることがポイントになります。（図5）

オフショアポートフォリオ投資を持つ企業の場合

オフショアポートフォリオは、海外で運用する株式及び社債等（有価証券投資）の配当及び利息に関して有効な対策の講じ方についての手法です。

日本国内での株式投資を一元的に親会社で管理するのが通常の取り組みですが、M法人の特徴で、親会社の会計基準と機能通貨を採用することが可能ですから、この親会社の投資有価証券を、M法人に現物出資として移管して、管理及び運用することで内部留保を厚くする手法です。

継続して、投資する場合には、M法人に対する出資を行い、その投下資本で目的の株式及び社債等の有価証券を取得することで、実際の収益計上時の課税率が大きく変化することになり、グループ内の財務収益を金銭的な資産で裏付けることが可能になります。

この場合も前記の動産等と同様に、取得及び運用管理はM法人で、取得に関する調査検討を日本の法人にM法人から委託する形式で実施することが、一番効果が高いといえます。（図6）

ファンドマネジメント企業の場合

前記した、書画骨董、工業所有権及び有価証券と、貨幣価値に置き換えることが時価をもって実施できる動産を、もう少し範囲を広げて総合的に考課した手法が、ファンドマネジメント企業として位置づけた方法です。

この場合、親会社及び関係する法人グループの範疇を出て、広く一般までは出資法の問題があるので触れませんが、意識を共通にする仲間内の投資家を含めてファンドを運用するケースを想定しています。

全体的なポイントは、課税される法人は、FSM法人が担当することで、課税率が低く、収益の残価率が大きくなることを意識して実施することが大切です。

日本国内で実施すると課税後の残余金は62％ですが、M法人では77・725％と比較すると15・725％のメリットは、如何に有効な課税国かがわかります。

特に日本での優良企業の最終利益率は2％程度ですから、この差益分を純利益貢献とした場合、売上高に換算すると年商の7倍から8倍程度の売上を計上したことに匹敵することは有効な財務戦略といえます。（図7）

【図5】知的財産所有企業の場合

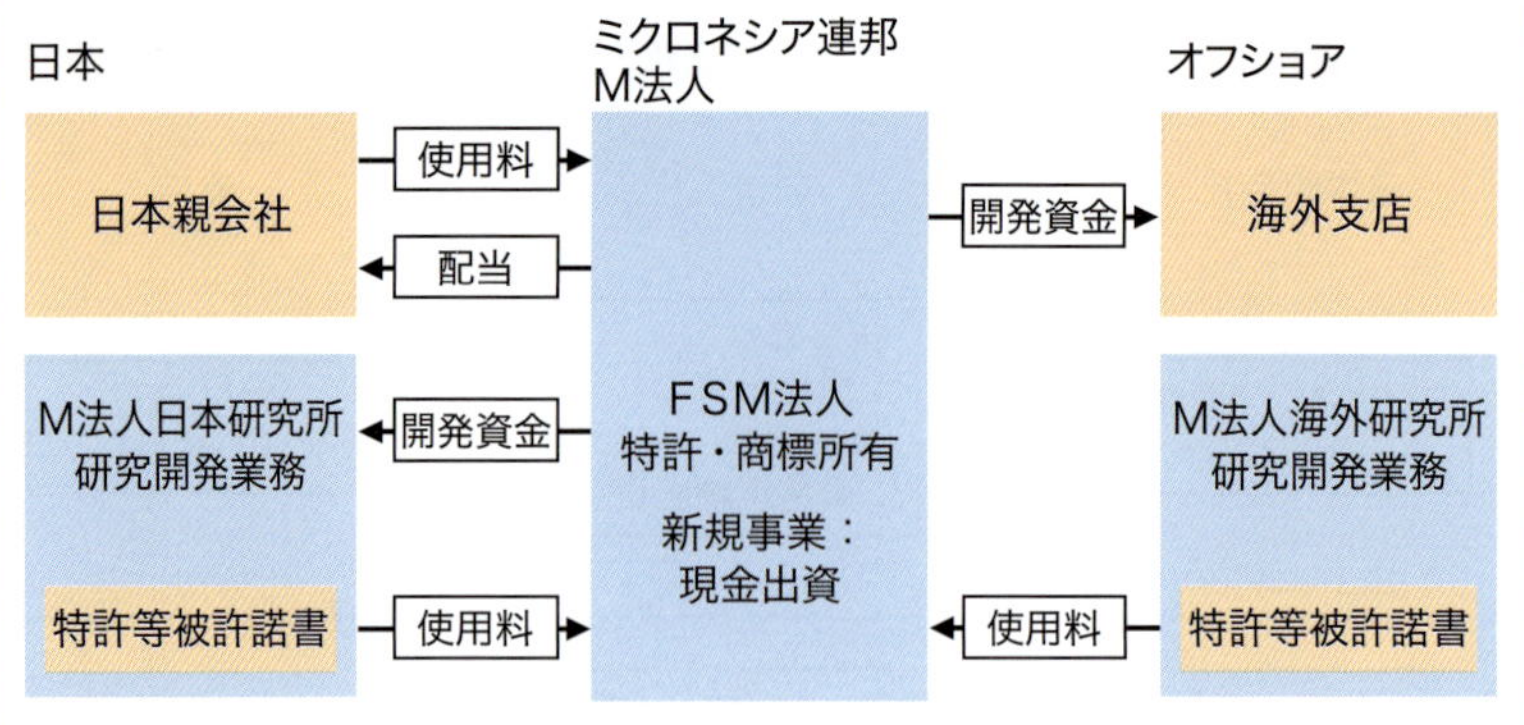

※日本単独の場合……38%課税　M法人利用の場合……22.275%課税

【図6】オフショアポートフォリオ投資をもつ企業の場合

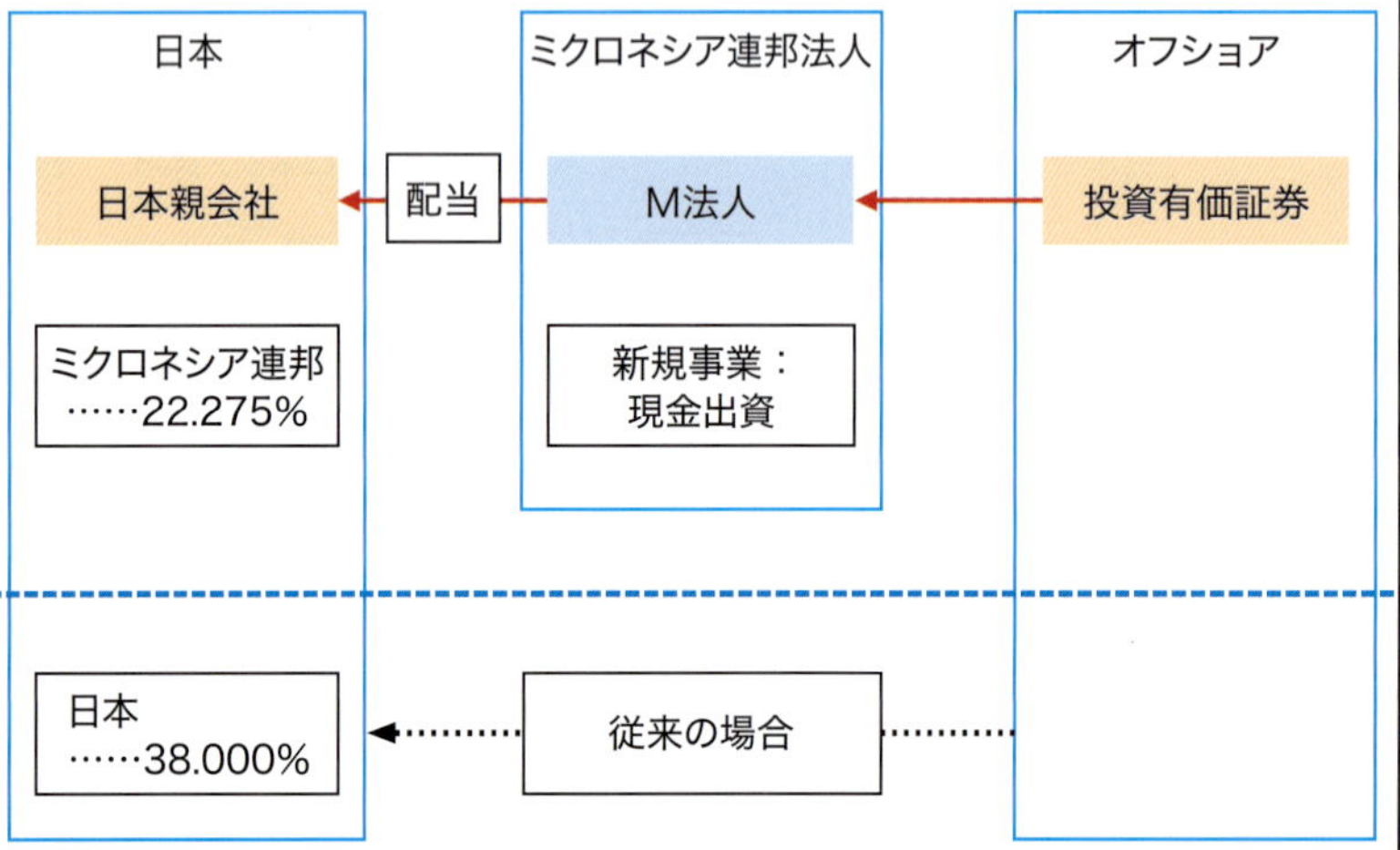

【図7】ファンドマネジメント企業の場合

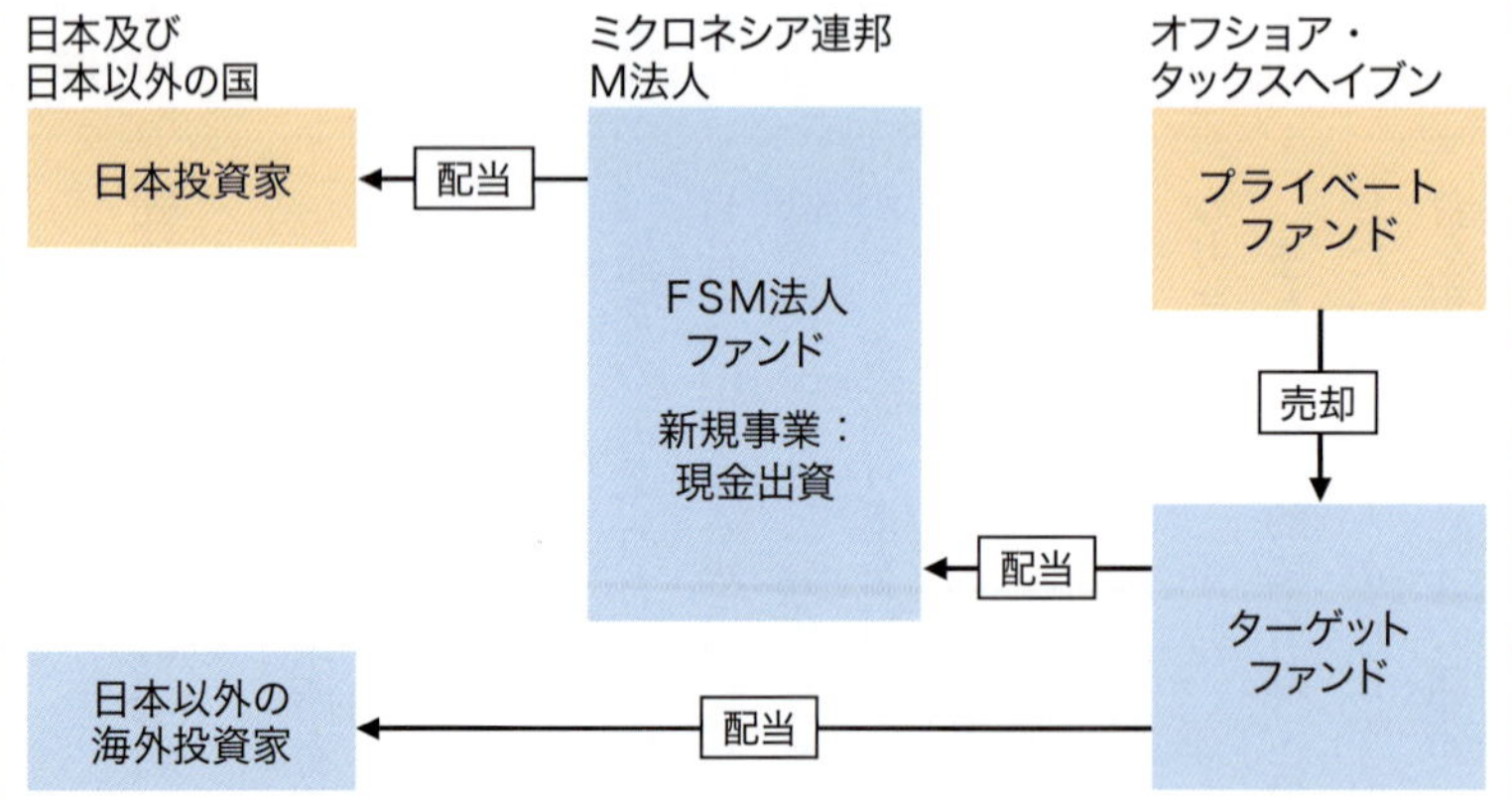

※日本単独の場合……38%課税　M法人利用の場合……22.275%課税

◉著者プロフィール
濱田憲孝（はまだ・のりたか）
アジアパシフィックコーポレーション株式会社取締役。
明治大学法学部卒。弁護士。明治大学法科大学院講師。

◉アジアパシフィックコーポレーション株式会社について
キャプティブを利用する保険の設計等の金融のコンサルティング業務や、環境・農業・エネルギー・IT事業等とこれらの事業に関するコンサルティング業務を行うこと目的に設立された会社である。
代表取締役会長：宮崎芳久
代表取締役社長：筒井潔
取締役：濱田憲孝
監査役：林賢一

第6回

ぶらり世界ロマン紀行

~2013・チュニジア編~

●プロフィール
神野兼次（じんの・けんじ）…昭和25年北海道赤平市生まれ。株式会社アペックエンジニアリング代表取締役社長。会社経営の傍ら、世界各国を旅することを趣味とし、記憶に残った旅先での風景をスケッチに残す。

2013年、その年の最後に訪問したのは北アフリカのチュニジアで、カルタゴの名将ハンニバルの歴史を見に行くためであった。到底勝てるわけがない大国を相手に堂々と戦いを挑んだ勇士の歴史にとても興味を持ったからである。紀元前8世紀後半カルタゴが建国され、現在首都チュニスはカルタゴの衛星都市として栄えた。紀元前264年から紀元前146年の118年間に渡るポエニ戦争ではカルタゴと共和政ローマとの間で地中海の覇権を賭けて激しい戦いが繰り広げられた。

●第一次ポエニ戦争
（紀元前264~241年）

紀元前264年当時カルタゴは地中海の商業航路の大部分を統制し、海軍と商業を支配する大国だった。シチリア島の東端の町メッシーナ（※1）での島内紛争を巡り、カルタゴが軍隊を送ったが、ローマはイタリアに最も近いこの地をカルタゴが支配することを恐れ対立する。それがシチリア島の所有権を巡る争いに発展して行く。シチリア島では大規模な陸上戦が数回行われた。紀元前262年西側海岸の都市アグリジェントでの戦いはローマ軍が勝利した。ローマは更に紀元前255年、早い終戦を願って敵の本拠地チュニスに侵攻するがローマ軍は破れて将軍レグルスが捕らえられる。紀元前249年カルタゴの将軍ハミルカル・バルカをシチリアに派遣しシチリア島の支配に成功する。しかし第一次ポエニ戦争は海上での戦いの戦果が全体の勝敗を決めることになる。両陣営とも艦隊は市民の資金で建造されたため戦力は資本力の範囲に限られ、結果として資本力の差でローマが勝利し、カルタゴに代わってローマが以後地中海を支配することになる。

●第二次ポエニ戦争
（紀元前218~201年）

紀元前221年よりカルタゴの将軍ハミルカル・バルカの長男ハンニバル・バルカ（弱冠30歳）が指揮を取る。第二次ポエニ戦争は別名ハンニバル戦争と言われる。ハンニバルの用いた包囲殲滅戦術は2千年以上経った現在でも各国の軍隊組織から参考にされるほどで、後年包囲殲滅戦の手本とされ、ドイツ陸軍のシュリーフェン・プラン、日露戦争の日本軍の奉天会戦、ソ連軍のスターリングラード攻防戦などで使われた。現代の陸軍士官学校でも必ず使われる程完成度の高いものである。イタリアでは今も子供達が悪いことをすると「ハンニバルが来て連れて行かれるよ」と言う。イタリアでは恐怖の代名詞となっているくらい恐れられた人物である。紀元前218年ハンニバル率いるカルタゴ軍はカルタゴを出発しスペインに渡る。出兵時、歩兵9万人、騎兵1万2千人、戦象37頭であった。

ハンニバル・バルカの像

フランス国境のピレネー山脈を越える時一部の兵を守りに残し、歩兵5万人、騎兵9千人、戦象30頭で冬のアルプス越えを決行する。イタリアに到着した時には歩兵2万人、騎兵6千人、戦象はわずか3頭しか残っていなかった。ローマはまさかアルプス山脈を越えて侵攻して来るとは思っておらず、慌てて軍を出動させ迎え撃つが「ティキヌスの戦い（※2）」「トリビアの戦い（※3）」と敗北し北イタリアを制圧されてしまう。紀元前217年春、ハンニバルは勢力を拡大すべく南下を開始する。「トラシメヌス湖畔の戦い（※4）」でもローマ軍を撃破し2人のローマ執政官は戦死する。ハンニバルはローマの同盟都市の離反を促し勢力を増大させながら南イタリアに向かう。カルタゴ軍は歩兵4万人、騎兵1万人に増大していた。紀元前216年南イタリア東海岸の「カンナエの戦い（※5）」では新執政官2名率いるローマ軍は7万人、カルタゴ軍5万人で激突する。結果カルタゴ軍死者5千7百人、ローマ軍死者6万人、野営地に残した兵士1万人は捕虜となった。戦闘の展開は両軍共中央に歩兵、両脇に騎兵を配備した。歩兵は、ローマ軍は平行直列、カルタゴ軍は弓なり形で張り出した中央部に兵を集中させ中央を厚くした。これには重要な作戦があった。中央はローマ軍に押されるが時間稼ぎをするためである。中央を敵に攻めさせることで徐々にローマ軍の中央の形状は先尖がりのV字型になって来る。戦闘開始と共に両脇の騎兵はローマ軍を圧倒し始めると敵軍側面を攻撃し始め、更に後方からも攻め始める。四方から包囲することでローマ軍は徐々に円形になりパニック状態になったため圧死する兵も出た。あっという間にほぼ勝敗が決まりローマ軍は壊滅してしまう。ローマ元老院の議員約300名の内約80名が戦死するが、議員の4人に1人が死んだことになる。この戦闘の大敗北はローマに大きな衝撃を与えることになる。その後ローマはハンニバルと正面決戦を避け、持久戦に持ち込む作戦に変更して行く。これほど彼は恐れられローマ史上最強の敵として後世まで語り継がれて行く。カンナエの戦い後ハンニバルは本国に近いイタリア半島南部に本部を設営し、15年余り占領し続ける。しかし本国が無能なため、殆ど支援を得られず、配下の部下にも恵まれず、次第に膠着状態に陥る。ローマでは台頭した若い名将スキピオがスペインを攻略、更にカルタゴ本土にも侵攻したため、紀元前203年カルタゴは慌ててハンニバルを帰国させスキピオと対決させる。紀元前202年対峙する両国の前でスキピオと会見するが、交渉は決裂する。「ザマの会戦（※6）」ではハンニバルの包囲殲滅戦法をスキピオが真似をしてカルタゴを破り第二次ポエニ戦争はカルタゴの敗北に終わる。ハンニバルはトルコの西海岸の古代港湾都市エフェソス（クレオパトラ7世とアントニウスのバカンスでも有名）に亡命する。

●第三次ポエニ戦争

（紀元前149～146年）

第二次ポエニ戦争後、ローマはカルタゴに絶対に支払えない膨大な賠償金50年賦1万タレント（現在1g銀貨3千円とすると7千200億円）を課せ同盟国になることを強要する。ハンニバルは行政の長に選ばれ改革の陣頭指揮を取る。そして国内の生産性を向上させ貿易を拡大し、50年を待たずに賠償金返済を見事に完遂し政治家としての手腕も証明する。このことはローマに更に恐怖を募ることとなる。ハンニバルがシリアと内通しているとの情報をローマは利用し兵をシリアに送る。ローマ・シリア戦争が始まりハンニバルはシリアを支援するが、自分の意見が採用されずシリアは大敗してしまう。ハンニバルはクレタ島や黒海沿岸へ逃れるが逃げ切れず自殺し生涯を終える。その後ローマはカルタゴが二度と蘇らないように全てのカルタゴの人々を殺害し、全ての建物や文化を破壊し、土地は不毛の土地になるように大量の塩を撒いた。カルタゴの歴史は夢の如く地上から消え去ってしまう。現代のチュニスには少ないながらカルタゴの思い出が残っており、松尾芭蕉の芭蕉句集「夏草や兵どもが夢の跡」の一句をふと思い出した。

〈後記〉

近年の世界各地で繰り広げられる同時多発テロには心が痛む。チュニジアでも旅した首都チュニスで数回テロが発生している。こういう時世は海外旅行より良き国内旅行をお勧めしたい。という訳で私のコラムもそろそろ終盤を迎えたようだ。是非世界旅行をお勧め出来る時に再開させて戴ければと願っている。

アイスランドの夏だけの氷河湖、グリーンランドの美しい自然、南アフリカの海を渡る南極ペンギン、ザンビア・ジンバブエのビクトリアの滝の瀑布、アフリカの動物撮影、ドバイの建築群、ノルウェーとカナダの驚きと奇跡のオーロラ、美しいイスラエル、ヨルダンの遺跡、ベトナム・カンボジアの遺跡、エジプトの遺跡とヒエログリフに纏わる歴史等々まだまだお話したいことは尽きないがとても楽しい時間を過ごさせて戴いたことを感謝しペンを置かせて戴く。

私に紙面を与えて戴いた編集長と、コラムの編集にご尽力戴いた編集部の皆様、読者の皆様にこの場をお借りし御礼申し上げます。

上:ザマの戦い直前に交渉するスキピオとハンニバル
下:ザマの戦い

〈紀元前218年ハンニバルのイタリア侵攻ルート〉

スターウォーズの舞台となった洞穴式住居

現在も使われている古代ローマ時代の貯水池

水源地より132km水を運んだザクアン水道橋、現在20km程度残っている

カルタゴのアントニヌスの共同浴場3.5平方km。ザクアン水道よりマルガ貯水池を経て水が運ばれる。紀元後162年古代ローマ帝国がカルタゴの遺跡の地にリゾート都市を建設した

首都チュニスの旧市街を望む

美しい地中海を望むカルタゴの遺跡

美しいチュニジアの避暑地。白とコバルトブルーの佇まいが美しい

古代ローマ時代の円形競技場。地下階があり中央に競り上げ台が装備されている最新式の競技場

カルタゴの歴史。残っているのは基礎部分だけ

私たちは全国中小企業の応援団です。

「BigLife21」では、大手メディアが取り上げることの少ない中小企業や町工場、
モノづくりをしている製造業にスポットをあて、経営者の『人間力』をフィーチャーしています。
「BigLife21」の独自の編集方針は、386万社あると言われる
日本企業(平成24年現在／経済産業省調べ)の実に99.7%、385万社が、
中小零細企業というこの国の産業構造に起因しています。
現在の大手メディアが取り上げる企業は、わずか0.3%未満しかない大企業の情報ばかり。
確かに社会的影響力が大きいのは大企業かもしれませんが、
この国を支える真の「縁の下の力持ち」、それが中小企業であり、その情報を知ることが、
この国のリアルな姿を知ることなのではないでしょうか?
そんな中小企業の生の声を皆さんにお届けすることこそが「BigLife21」の使命なのです。

「BigLife21」が取り上げるのはそれぞれ個性的で独自性がある企業や経営者ばかり。

そのユニークな生き様や波乱に満ちた道程は読者の熱い関心を呼ぶでしょう。

様々な業界の多くの企業が、「BigLife21」への登場を契機に、
さらに事業が拡大したり新たな事業領域に踏み出したりと、発展を遂げています。

大きな志を抱く数多くの経営者を知り、異業種交流のきっかけともなります。

ご自身の事業に役立つ有益な情報を得て、それを参考にしたり、
あるいは足りない部分を補うためのまだ見ぬ他社を知るきっかけになっています。

「BigLife21」への登場を契機に、企業同士のコラボレーションも実現しているのです。


「BigLife21」では、あなたの会社を、そして経営者たる『あなた』を描き出します。

新・エネルギー革命

2016年1月15日　初版第1刷発行

発行人　綿祓幹夫
発　行　(株)ビッグライフ社
ビッグライフ社編集 編
〒107-0062 東京都港区南青山6-1-32 南青ビル5F
TEL.03-5464-3360(代)　FAX.03-5464-3390
発　売　(株)展望社
〒112-0002 東京都文京区小石川3丁目1番7号 エコービル202
TEL.03-3814-1997　FAX.03-3814-3063

印刷　(有)一杉印刷所

定価は表紙に表示してあります。

乱丁・落丁本は、おそれ入りますが小社までお送りください。送料小社負担によりお取り替えいたします。

ISBN 978-4-88546-308-2